KB261197

하나님과 함께하는
행복한 인생

행복한 인생

부산을 사랑하고 섬기는 19인 목회자의 신앙과 인생 이야기

부산극동방송 기획 / **김경화** 프로듀서 엮음 / **다니엘 박** 사진

세상을 바꾸는 기적의 주인공을 만나다!

김장환 목사(극동방송 회장)

고난과 역경을 극복하고 하나님을 만나서 세상을 변화시키는 놀라운 하나
님의 사람들이 있습니다. 이 책을 통해 세상을 바꾸는 기적의 주인공을 만나
보게 되었습니다. 특별히 목회자님들의 삶과 신앙이야기를 통해 성도 여러
분께는 도전과 은혜의 시간이 되시길 바라며, 미래의 목회자 여러분들께도
꿈과 희망의 이야기가 될 줄 믿습니다.

사람이 사람을 만나면 역사를 만들고 사람이 하나님을 만나면 기적을 만듭
니다!

고된 항해 속에 격려의 손 하나

김은기 사장(극동방송 사장)

인생이란 고된 항해 속에서도 굳건히 견디게 하는 힘은 바로 신앙의 선배들
이 하나님과 함께 한 '삶의 이야기'가 아닐까 생각합니다.

그런 의미에서 이 한 권의 책에 믿음으로 생의 항로를 개척해나간 우리 시대
훌륭한 목회자님들의 이야기는 거친 세상 속에서 어깨를 두드려 줄 손 하나,
당신도 할 수 있다는 격려가 될 것입니다.

실제적인 제자의 삶

옥한흠 목사(국제제자훈련원 원장)

우리가 입으로는 주를 고백하면서도 현실적으로 삶을 통한 고백을 하기는 쉽지 않습니다. 다행히 한 권의 책을 통해 실제적인 제자의 삶을 접할 수 있게 돼 마음 깊이 감사를 드립니다. 부산의 귀한 19인의 목회자들의 인생과 신앙 이야기가 성도들의 가슴 속에 남아 그들의 삶을 이끄는 나침반이 되길 바랍니다.

인생을 바꾸는 책

김삼환 목사(명성교회 당회장)

한 권의 책은 사람의 인생을 바꿀 수도 있다고 합니다. 이 책에는 스무 명의 세계적인 부산 지역 목회자들의 은혜의 삶이 소개되어 있습니다. 이 책을 통해서 목회자들을 비롯한 많은 성도들에게도 동일한 주님의 은혜가 함께하실 것을 믿습니다. 다시 한번 이 책의 출간을 진심으로 축하드립니다.

믿음의 거목들

홍정길 목사(남서울은혜교회 담임목사)

매 순간 은혜로만 살아가는 삶은 얼마나 행복할까요? 바로 여기 그런 삶을 영위하는 부산의 19인의 믿음의 거목들이 있습니다. 한 명 한 명의 인생이 모든 성도들과 독자들에게 하나님안에서 깊은 감동과 은혜를 줄 것을 믿어 의심치 않습니다.

진솔한 고백과 간증

이동원 목사(지구촌교회 담임목사)

주님께서 내리신 명령인 복음 전파를 위해 오늘도 부산땅에서 눈물과 기도로 수고하시는 19인의 목회자들의 진솔한 고백과 간증은 지금 이 시간 이 땅을 살아가는 우리에게 큰 도전을 줍니다. 책의 출판을 맞아, 짧은 글로나마 부산에 헌신하고 계시는 19명의 동역자들께 진심어린 축하를 드립니다.

하나님께 붙들린 하나님의 사람들

조예연 목사(부산기독교연합회 대표회장)

부산의 자랑이신 목회자님들의 신앙을 한 권의 책으로 만나볼 수 있다는 사실이 감격스럽습니다. 하나님께서 귀하게 쓰시는 하나님의 사람들의 귀한 간증을 통해 책을 나누는 모든 분들이 은혜를 받고 회복되는 역사가 일어날 줄 믿습니다. 살아계신 하나님의 일하심이 이 책을 통해 땅 끝까지 번져가길 기도합니다.

복음 부흥의 강력한 불쏘시개

오정호 목사(새로남교회 담임목사/전국제자훈련목회자협의회 대표)

산이 높으면 골짜기가 깊듯, 구령의 역사가 있는 곳에는 감동적인 이야기가 숨겨져 있기 마련이고 그 이야기들은 만남을 통해 재발견되고 확산됩니다. 페이지마다 펼쳐지는 여러 목회자님들의 삶의 현장으로 초대될 때 열린 마음으로 응답하면 하나님께서는 반드시 합당한 은혜를 내려 주시리라 기대합니다. 본서가 복음한국, 통일한국, 선교한국을 위하여 또 다른 강력한 불쏘시개로 쓰임받기를 기도합니다.

19편 희망이란 이름의 편지를 세상으로 부칩니다

오직 복음만을 위해서 마음껏 방송할 수 있었던 지난 시간을 허락해주신 하나님께 먼저 감사드립니다.

20년 복음 방송인의 인생 속에 수많은 감사의 열매들이 있지만 오늘 준비한 본서에는 세상 어디에서도 만날 수 없는 귀한 열정적인 하나님의 사람들이 기록되어 있으며, 최근 부산을 뜨겁게 움직이는 하나님의 섭리를 발견할 수 있습니다.

목회자님들의 진솔한 인생과 신앙이야기를 방송으로 담으면서, 때로는 함께 울고 웃으며, 누구보다 더욱 공감하고 따뜻한 위로를 얻었습니다. 이 소중한 이야기들을 그냥 방송으로만 전해드리기가 너무 아쉬워 본서를 세상에 내어놓습니다.

힘든 현실 속에서 한줄기 희망의 격려가 필요한 사람들이 있습니다. 그분들에게 19편의 희망이란 이름의 편지를 띄웁니다. 편지를 받으십시오.

그리고 전해주십시오. 험한 인생의 골짜기를 지나 수많은 사람들에게 희망의 본이 되어주시는 목회자님의 올곧은 신앙과 인생이야기로 힘을 얻었다고요.

인터뷰에 동참해주시고 본서의 발간에 동역해주신 존경하는 목회자님들과 마음껏 복음의 꿈을 현실로 그려낼 수 있게 장을 만들어주신 극동방송의 김장환 회장님, 김은기 사장님, 정찬덕 부산지사장님, 그리고 모든 선후배 사역자님들께 머리숙여 사랑과 감사를 전합니다.

여기 희망이 있습니다. 다시 일어서십시오.

부활의 기쁨을 앞둔 어느 날
19편의 보석같은 편지를 드림

김경화 프로듀서

CONTENTS

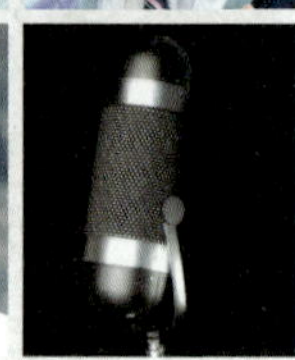

사람이 사람을 만나면 역사를 만들고
사람이 하나님을 만나면 기적을 만듭니다!
- 극동방송 김장환목사님 추천사 중에서 -

하나님과 함께하는 행복한 인생

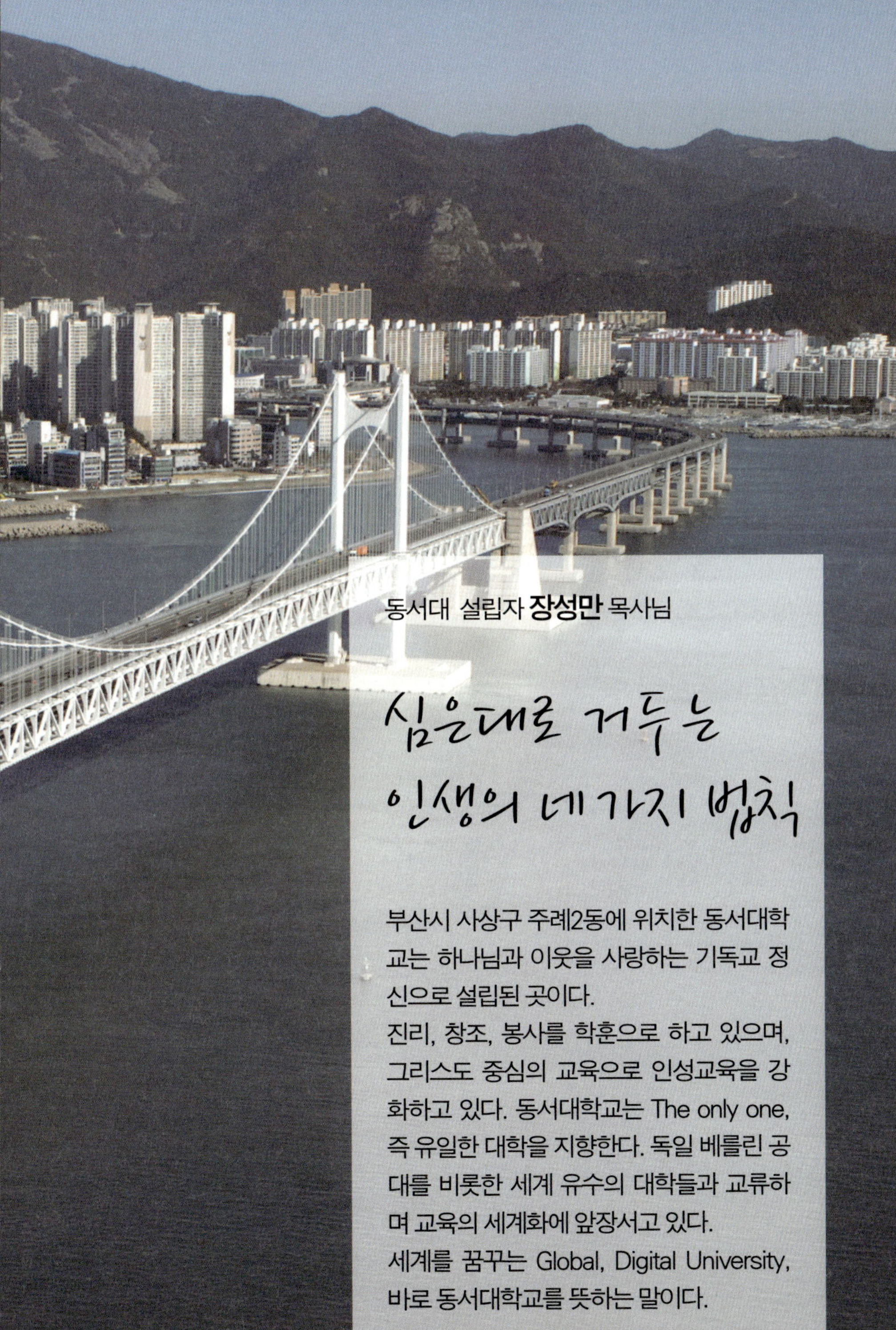

심은대로 거두는 인생의 네가지 법칙

부산시 사상구 주례2동에 위치한 동서대학교는 하나님과 이웃을 사랑하는 기독교 정신으로 설립된 곳이다.

진리, 창조, 봉사를 학훈으로 하고 있으며, 그리스도 중심의 교육으로 인성교육을 강화하고 있다. 동서대학교는 The only one, 즉 유일한 대학을 지향한다. 독일 베를린 공대를 비롯한 세계 유수의 대학들과 교류하며 교육의 세계화에 앞장서고 있다.

세계를 꿈꾸는 Global, Digital University, 바로 동서대학교를 뜻하는 말이다.

더하기 인생보다는 곱하기 인생으로 달려갈 때 인생이 하나님 안에서 풍성해집니다.

심은대로 거두는 인생의 네 가지 법칙

가능사고가 발전되면 상승사고가 되고 상승사고가 발전하면 성장사고가 됩니다.

김 : 장성만 설립자님 하면 교육가요, 정치가요, 목회자요, 정말 하신 사역이 많은 걸로 알고 있습니다. 평생의 인생을 주관하신 하나님께 감사하는 제목을 나눴으면 합니다.

목 : 보잘것없는 생애였는데 하나님께서 축복해 주셔서 오늘날까지 살아오게 된 것 감사하고, 제가 무엇을 행한 것이 있다면 전적으로 하나님의 은총이고 저 같은 사람을 들어 쓰신 하나님의 능력의 장중에 제가 붙들림을 당해서 일생을 살아왔기에 간증을 합니다.

김 : 겸손하게 말씀을 해주시는데요. 어떻게 해서 하나님을 만나게 되셨고 자녀가 되셨는지 나눠주십시오.

목 : 모태 신앙입니다. 그런데 어릴 때 특히 할머니의 신앙이 좋으셨는데, 그 덕택으로 주일학교부터 교회를 다녔지만 제 의지가 아니었고 중 2때 아버지께서 세상을 떠났습니다. 갑자기 발병한지 3일 만에 떠나셔서 정신을 차릴 수 없었는데, 여덟 식구인 저희 가족이 참 막막했습니다. 그럴 때에 할머니께서 새벽마다 저를 위해서 참 눈물을 흘리면서 기도하는 모습을 보고 함께

기도하는 동안에 제가 하나님을 아브라함의 하나님, 이삭의 하나님이 아니고 나의 하나님으로 받아들이게 된 거죠.

김 : 지금도 예기치 못한 불행을 겪어서 힘든 분들이 많잖아요? 그런 분들에게 따뜻하게 조언의 말씀을 해 주신다면요?

목 : 제가 일생을 붙든 성경은 "내게 능력 주시는 자 안에서 내가 모든 것을 할 수 있느니라" 라는 말씀 하고, 그 다음에 요한복음 16장 33절, "내가 이것을 너희에게 이름은 너희에게 평안을 얻게 함이라. 너희들이 세상에서 환란을 당하나 담대하라, 내가 세상을 이기었노라"입니다. 이 세상을 승리하신, 부활하신 예수 그리스도께서 우리와 함께 계시면 우리가 능치 못할 것이 없다. 담대하게 살아나가야 한다. 그렇게 저는 생각합니다. 그래서 제가 일평생 살아오면서 저처럼 미성년 가장이 된 청소년들을 자주 불러서 위로도 하고 장학금도 주고 하는데 그때마다 제가 얘기하는 것은 어떤 경우에도 낙심해서는 안 된다. 사람이 돈이 없는 것도 불행이 아니고, 공부를 못하는 것도 불행이 아니고, 절망하는 것이 가장 불행한 일이다 라고 합니다.

김 : 하나님을 인생의 구주로 받아들이시니까 어떻게 삶이 변하셨을까요? 그 다음부터 참 많은 일들이 있었을 것으로 생각 듭니다.

목 : 예수님이 세 가지 사역을 하셨습니다. 하나는 Preaching Ministry, 말씀을 전하는 복음사역을 하신 것, 둘째는 Teaching Ministry, 가르치는 사역을 하

셨다고 하는 것. 또 하나는 Healing Ministry, 치유하고 남을 위해 봉사하는 그런 사역을 하셨기에 **저도 예수님의 사역을 본받아서** 그 길을 가기 위해서 일생을 살아온 거죠. 제가 농담으로 말합니다. "몇 살이 됩니까?" 하면 "100살이 됩니다." 왜 100살 인고 하니, 제가 50년 교회에서 목회를 했거든요. 그 어떤 경우에도, 제가 정치도 하고, 교육도 해왔지만 주일날은 반드시 교회에서 설교를 했습니다. 그 다음에 학교를 제가 부산실업 전문학교로 시작해서 경남공업전문대학, 경남정보대학 등으로 개명했지만 지금의 경남정보대 학장을 18년 동안 했습니다. 교육을 하는 동안도 설교를 계속했죠. 1965년도에 전문대학을 시작했고 이어서 동서대학교, 부산 디지털대학 세 개 대학을 설립했으니 그 연륜이 전부 합하면 43년이 됩니다. 그 다음에 우연한 기회에 정치에 참여하게 되었는데, 정치를 10년 했어요. 그러니까 50년 목회하고, 40년 교육을 하고, 10년은 정치를 했거든요.

김 : 부지런히 시간을 아끼면서 열심히 사셨다는 생각이 드는데요. 100년의 일을 하는 비결도 굉장히 궁금합니다.

목 : 비결이라는 것은 일찍 일어나야 됩니다. 밤 12시에 자고 새벽 5시에 일어

나는 것이 평생 습관이 되서 4시 반쯤 되면 일어나서 그 이상은 잠을 잘 수가 없어요. 새벽에 일어나서 독서하고 글을 쓰고, 책을 24권 냈습니다. 게으른 사람은 하나님도 어떻게 할 수 없다는 이야기가 서양 속담에 있습니다. 부지런해야 하고 시간을 아껴써야 한다. 그런 몇 가지 신조만 가지고 살면 얼마든지 오랫동안 살아온 사람처럼 사역 연령을 늘릴 수 있습니다.

김 : 목사님의 몇 가지 신조를 더 구체적으로 듣고 싶습니다.

목 : 발상의 전환을 해야 합니다. 지금 우리가 생각할 때 고정관념, 여기에 묶여서 사람들이 허덕이고 있는데, 생각만 조금 고치면 엄청난 변화가 올 수 있다고 생각됩니다. 예를 들면 이렇습니다. 5+5+5=15입니다. 이걸 조금 삐딱하게 보면 5×5×5=125죠? 사람의 시각을 플러스로 보느냐, 곱하기로 보느냐가 중요합니다. 더하기 인생도 좋지만, 곱하기 인생으로 달려가야 됩니다. 그러면 해답이 15에서 125로 부풀어지는 겁니다. 그래서 사람이 어떻게 보느냐에 따라서 인생이 얼마나 큰 결과를 맺느냐 하는 것을 알 수 있고요, 다음에 사람이 먹는 것하고 심는 것을 잘 구별해야 합니다. 먹는 것은 아무리 좋은 것을 먹고 비싼 것을 먹어도 배설되어 버리는 것입니다. 근데 심으면 아무리 작은 씨를 심어도 그것이 결실이 30배, 60배, 100배로 열매맺습니다.

사람은 심은 대로 거두는 겁니다. 우리 어머니가 참 신앙이 좋아서 집에 손님이 많이 오는데 어릴 때 보니까 반드시 식은 밥을 주지 않고 부엌에 가서 반찬은 적어도 새롭게 밥을 지어서 주십니다.

그래서 "어머니, 무엇 때문에 여기 이렇게 밥이 많이 남아 있는데 새롭게 만들어 주십니까?" 하니까 하시는 말씀이 "성경에 손 대접하기를 힘쓰라 했는데, 손님을 우리 먹는 것보다 더 극진히 대접해야 안 되겠느냐?" 하셨어요. 손님이 아무리 많이 와도 귀찮게 생각하지 않고 밥을 해서 공경을 했어요. 그래서 왜 이렇게 하는가 생각을 했는데, 제가 미국에서 공부하고 주말에는 교회마다 순회를 하는데 미국의 교인들과 목사님들이 친형제처럼 반기고 자기 방을 내주고 좋은 음식을 대접해서, 먹고 나올 때, '내가 뭘 했다고 이 사람들이 이렇게 대접을 하는가?' 생각하다가 문득 '우리 어머니가 손 대접하기를 힘쓰시고 좋은 씨앗을 뿌렸구나. 아, 내가 오늘 이렇게 대접 받는 것이 우리 어머니 때문이구나.' 이렇게 생각이 들었습니다. 그래서 남을 위해서 봉사하는 것. 돈 안 받고 남을 섬기는 것이 얼마나 중요한지 몰라요. 남을 섬기니까, 우선 내 마음이 즐겁고 편안하고 그렇단 말이에요. 그러면 내 대에 축복을 못 받아도, 우리 아들, 손자들 대에도 하나님이 주시는 결실을 거둘 기회가 올 것이라고 생각을 했는데 보니까 우리 아들이 국회의원이 됐죠. 지역에 가보니까 제가 20년 전에 국회의원을 했을 때 알던 분들이 반갑게 맞이하면서 '장성만 아들이 아니냐? 그러면 믿을 수 있다.' 제가 20년 전에 어떻게 국회의원을 했고 어떻게 살았느냐 하는 것이 사실 아들을 20년 후에 국회의원에 출마시키겠다고 하는 계획으로 살았던 게 아니었는데도, 말씀대로 남을 위해서 섬기고 좋은 씨앗을 뿌리니까 20년 후에 아들에게 도움이 되고 열매를 맺는 역사가 일어났습니다. 그러니까 우리 어머니가 뿌린 씨가 저의 대에서 결과를 맺고, 제가 뿌린 씨가 또 아들이 거두게 되고, "심은 대로 거둔다"라는 말씀이 너무 실감이 납니다.

김 : 또 어떤 원칙이 있을까요?

목 : 긍정적인 사고를 가져야 합니다. 저는 오래전부터 모든 것에 부정적인 사람은 부정적인 결과가 나오고, 긍정하면 긍정적인 결과가 나온다고 생각합니다. 긍정적인 사고는 큰 에너지를 생산합니다. '불가능은 없다. 하면 된다.' 특히 믿는 사람들은 "능력 주시는 예수님 안에서 한번 해보자"라고 해야 됩니다. 히브리서 11장은 믿음 장인데 아브라함이 믿음으로, 이삭이 믿음으로, 야곱이 믿음으로, 노아가 믿음으로, 믿음으로 주욱 설명이 되어 있어요. 아브라함이 믿음으로 살았다. 이 한 줄로 아브라함을 이야기할 수 있잖아요? 그러니까 제 생애도 한마디로 말하면 믿음으로 살았다는 것입니다. 가능사고가 발전되면 상승사고가 되고, 상승사고가 발전되면 결국에는 성장사고가 됩니다. 사람이 아무리 낙심해도 전기를 on, off 하는 것처럼, off 되어 있는 상태에서 딱 스위치 하나만 누르면, 불이 환하게 들어오는 것과 마찬가지로 인간의 사고를 부정적인 사고에서 플러스적 사고로 on 해야 하는 겁니다. 그러면 우리 인생은 환하게 열릴 것입니다.

김 : 항상 어렵다고 하는 성도들에게 큰 도전이 됩니다. 힘든 가운데서도 하나님의 인도로 공부를 계속하셨죠? 미국 유학도 가시고요, 어떤 스토리인지 들려주셨으면 합니다.

목 : 목회를 하다가 선교사 한 분을 만났어요. 맥시라는 선교사님인데 일본에서 선교 사업을 하셨죠. 한국동란 때에 워낙 많은 피난민이 생기고 고아들

사람은 돈이 없는 것도 공부를 못하는 것도 불행이 아닙니다.
절망하는 것이 가장 큰 불행입니다. 절망하지 않고 희망으로 달려갈 때 하나님께서
아름다운 결실을 주셨습니다.

도 많았기에 부산에 와서 사회 사업을 하셨습니다. 그분을 제가 우연히 만났어요. 그래서 일본에 가서 공부할 수 있게 되고, 미국에 유학갈 수 있는 길도 열렸습니다. 그때 제가 느낀 것은 그 당시 미국에 가보니깐 너무 잘 살아요. 그래서 이 나라가 어떻게 잘 사는가 보니까, 기능 사회가 돼 있어서 나라가 잘 살려면 기술을 가져야겠다. 그래서 돌아가면 기술 교육을 시켜서 인재를 길러야 되겠다는 생각을 했죠. 그래서 미국 전 교회를 다니면서 모금 운동을 한 겁니다. 재미 이사회를 구성하고 한국에 들어와서 학교를 시작한 겁니다. 1965년도에 학교를 시작했는데 경상남도 동래군 사상면 주례리 냉정 부락이라고 하는 산이었어요. 그 산에 올라가서 학교를 세운다고 하니까 사람들이 다 '미국 갔다 오더니 정신이 조금 어찌 되었나.' 그런 생각을 가질 때 믿음으로 무릎을 꿇고 기도하면서 '하나님, 이 땅을 가나안 땅으로 만들어 주십시오.' 기도하고 시작했습니다. 그리고 교회마다 다니면서 설교하면서 모은 학생이 19명이었고 제가 급사 겸 교장으로 시작한 것이 경남정보대학의 전신이었죠.

김 : 혹자들은 '물려받은 유산이 있어서 학교를 차린 것이 아니냐고 생각했겠지만 열정으로 재정을 미국에서 모아서 집념으로 학교를 시작하셨네요.

목 : 제가 10차례에 걸쳐서 미국에 가서 한 20개 주를 자동차를 몰고 순방하면서 교회에서 호소하는 과정에서 자동차 사고가 나서 죽을 뻔도 했고 고비를 많이 넘겼어요. 처음에 19명으로 시작해서 지금 학생이 약 2만 명이 있습니다. 그동안 한 7만5천 명 정도 졸업생을 배출했고요, 전 세계 어디를 가든

지 우리 학생이 없는 데가 없어요.

김 : 목사님, 이제는 또 21세기 크리스천 포럼 일을 하시는데, 소개해주세요.

목 : 제가 살아온 고장, 부산이 한국에서 제일 복음화율이 낮습니다. 부산 시민을 복음화하는데 마지막 미력이나마 바쳐야겠다고 생각하고, 숨어서 봉사하는 기업가 장로님들을 찾아가서 설득을 했어요. '우리가 나이가 이만큼 됐는데 부산 교계를 위해서 무엇인가 좀 해봅시다.' 그래서 한 20명 초교파적으로 장로님들을 모아서 한 사람이 매년 회비를 천만 원씩 내도록 했습니다. 여기에는 세 가지 목적이 있습니다. 하나는 흩어져 있는 기독교 단체들을 네트워킹해서 하나의 크리스천 파워를 형성하자. 다음에는 청소년들을 위해서 문화 사역자들을 양성해서 세속 문화에 조금도 뒤지지 않는 기독교 문화를 만들어 청소년들에게 영향을 주자. 세 번째는 서울에서는 기독교상이 많이 있는데 부산에는 지금까지 공인된 상이 없는데, 예수의 이름으로 묵묵히 일하는 분들을 발굴해야 되겠다. 그래서 기독교 문화 대상 제도를 만들었어요. 이런 일들을 크리스천 21세기 포럼이 하고 있습니다. 도중에 세미나도 하고 강연회도 합니다만 주로 이런 세 가지 목적을 달성하기 위해서 그런 일을 하고 있습니다.

김 : 미래를 심는 귀한 작업이네요. 오늘 도전을 많이 받았는데요. 끝으로 희망의 메시지를 전해주세요.

목 : 우리나라가 하나님의 도우심으로 해방이 되었죠. 그때는 남녀노소를 불문하고 얼싸안고 감격하고 울었습니다. 그런데 그때 정신을 다 잊어버리고 있습니다. 지금 계층간, 지역간, 노사간의 갈등과 대립이 도처에서 일어나고 있는데, 해방 정신으로 돌아갔으면 좋겠습니다. 하나님이 우리에게 자유를 주시고 해방을 주셨는데 겸손하게 전부가 무릎 꿇고 해방의 감격을 되살려서 나가면 우리나라는 희망이 있는 나랍니다. 협력만 하면 반드시 복을 받고 큰 나라가 될 수 있을 거라고 생각합니다. 비록 영토가 작지만 아주 큰 나라가 될 수 있는 것은 우리가 지금 선교를 전해 받았는데 지금 120년 만에 2만 명에 달하는 선교사를 전세계에 보내고 있는 것은 엄청나게 큰 나라거든요. 아프리카 오지에 가도 한국 선교사가 있어서 복음을 전하고 있는데 우리가 왜 여기서 서로가 투쟁하고 이렇게 해야 되느냔 말이죠. 모두가 긍정적인 사고와 "하면 된다" 라는 생각을 가지고 하나님 안에서 하나가 되는 역사를 만들기를 바랍니다.

김 : 나라를 되찾았던 그 초심, 어렵게 살았던 초심으로 다시 돌아가서 신발끈을 조였으면 좋겠습니다. 이사장님을 통해 울며 씨를 뿌리는 자가 기쁨으로 단을 거둔다는 진리를 다시 한번 실감했습니다. 고맙습니다.

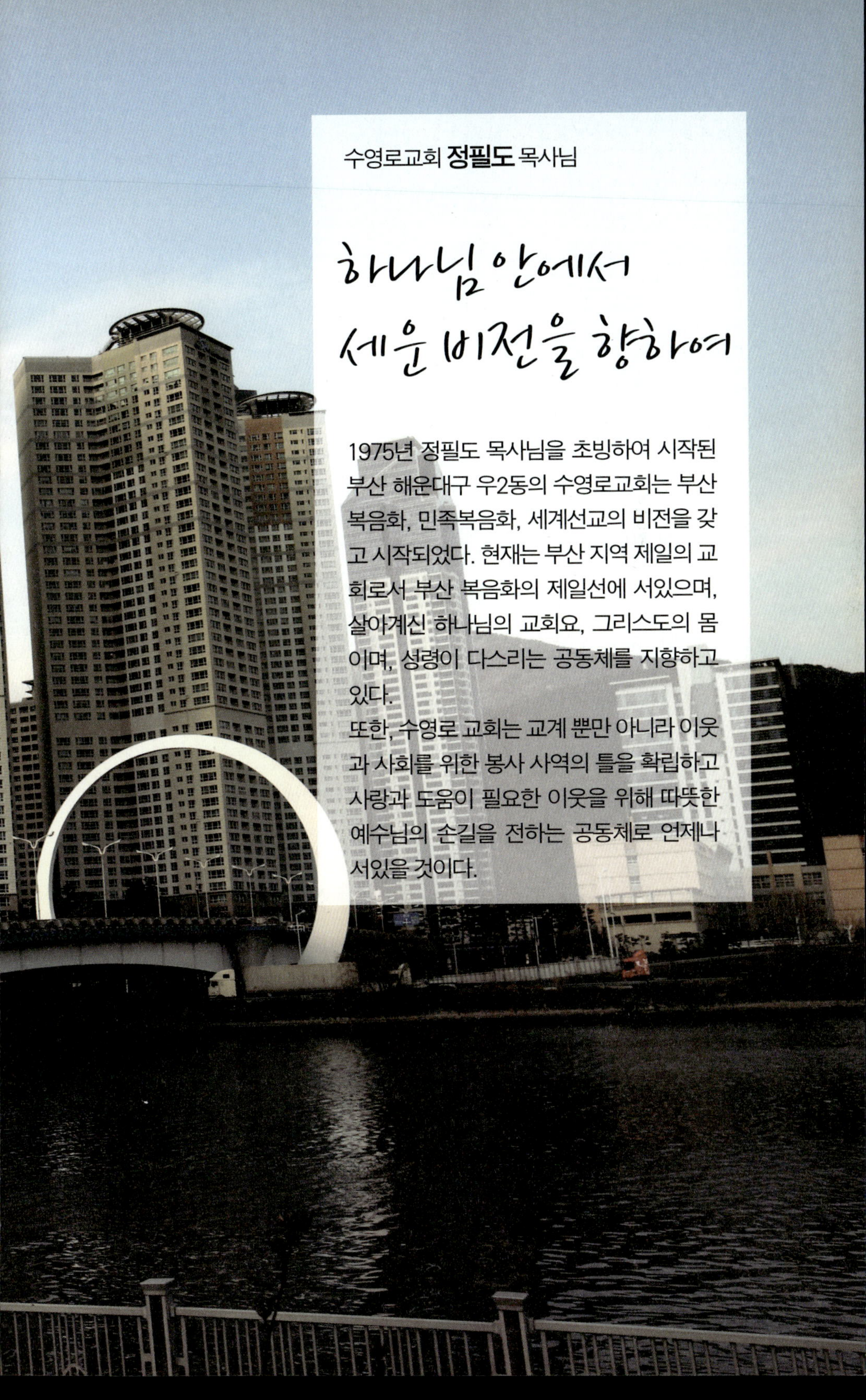

수영로교회 **정필도** 목사님

하나님 안에서
세운 비전을 향하여

1975년 정필도 목사님을 초빙하여 시작된
부산 해운대구 우2동의 수영로교회는 부산
복음화, 민족복음화, 세계선교의 비전을 갖
고 시작되었다. 현재는 부산 지역 제일의 교
회로서 부산 복음화의 제일선에 서있으며,
살아계신 하나님의 교회요, 그리스도의 몸
이며, 성령이 다스리는 공동체를 지향하고
있다.
또한, 수영로 교회는 교계 뿐만 아니라 이웃
과 사회를 위한 봉사 사역의 틀을 확립하고
사랑과 도움이 필요한 이웃을 위해 따뜻한
예수님의 손길을 전하는 공동체로 언제나
서있을 것이다.

하나님 안에서 세운 비전을 향하여

은혜중심, 말씀중심, 선교중심으로 하나님안에서 비전을 세우고 달려갑니다.

김 : 열정으로 목회하시는 목사님은 어떻게 부산에서 목회를 하시게 되었나요.

목 : 감사할게 너무 많습니다. 저는 서울 사람인데요, 공군 군목으로 있을 때 부산의 초량교회 정태성 장로님이 군 복음화 후원회 회장이었어요. 그래서 군 복음화도 하고 그 장로님과 손잡고 부산복음화를 하는 것도 참 좋겠다 하고, 그런 생각으로 부산에 왔는데 이렇게 37년째 있을 줄은 몰랐습니다. 수영로 교회를 개척하고 지금까지 하나님께서 어려움 없이 도와주셔서 계속해서 성도들이 많이 와주었습니다. 오늘날까지 이렇게 넘치는 풍성한 은혜와 축복을 주신 하나님께 무엇보다도 모든 영광을 돌리고 감사드립니다.

김 : 목사님은 어떻게 하나님의 손에 붙들리게 되셨는지 정말 궁금합니다.

목 : 초등학교 6학년때, 옆에 있는 친구한테 전도받았는데 그 친구하고 같이 창신교회를 나갔어요. 그 친구는 지금 창신교회 장로님입니다. 그때 예수를 믿고 그 친구의 큰형님이 서울공대의 아주 성령이 충만한 형님이셨는데, 그 형님 따라다니면서 열심히 믿고 성령도 받고 평생 축복을 받게 되었습니다.

좋은 친구 만나고 좋은 형님 만나서 제가 지금 목사가 되었죠.

김 : 믿음 생활을 해오시면서 어떤 어려움이 있었고 어떻게 극복하셨는지
알 수 있을까요?

목 : 우선 집안이 다 우상 숭배하고 무당 데려다가 굿을 하는 집안이니까 핍
박이 있었죠. 핍박을 이기는건 그렇게 어렵지 않았어요. 저는 죽을 각오를
할 정도로 단단히 은혜를 받았으니까요. 그런데 더 큰 어려움은 초등학교
때보다 중학교때였죠. 집안의 빛이 더 많아졌어요. 아버지는 돌아가셨고요.
고등학교때는 더 힘들었고 대학교 때는 모든 것이 없어졌어요. 하지만 가난
을 통해서 저로 하여금 기도를 많이 하게 하시고 그런 가운데 은혜도 주시
고 기도하는 가운데 주님이 찾아오셔서 말씀도 해주시고 해서 알고 보니깐
저를 하나님의 종으로 만들기 위해서 그렇게 연단하신 기간이었구나, 그걸

깨닫게 되었죠. 그래서 저는 어려움 중에서 물질의 어려움이 가장 가벼운 어려움이라고 생각해요. 그건 좀 덜먹고 하면 되니까요.

그대신 **어려움을 당할 때 하나님 앞에 매달리면서** 겸손하게 마음을 갖고 나아가면 아주 풍성한 영적인 복을 받으니까 지나고 보니까 물질적인 어려움이 제일 가벼운 어려움이라는 걸 알 수 있었어요. 그래서 저는 어려움 주신 하나님께 감사하고 있어요. 그것 때문에 기도를 더 많이 했고, 그것 때문에 주님을 만나는 체험도 했고 주님의 음성도 들었고 그것 때문에 평생 목회에 많은 도움이 됩니다.

김 : 힘들고 어려운 분들을 더 한결 이해하실 수 있을 거라는 그런 생각이 드네요. 초등학교 시절부터 대학교까지 가세가 점점 기울어 갈 때, 예민했던 시기잖아요. 그럴 때 하나님을 붙들지 않고는 사실 수 없으셨겠다는 그런 생각이 드네요.

목 : 그래서 하루에 세 번씩 교회가서 기도를 하고 철야 기도를 많이 했어요, 철야 기도를 하고 학교를 가야하니까 학교를 가면 졸죠. 그때 선생님은 자꾸 조니까 양동이 물에 머리를 넣으시더라고요. 정신 차리라고. 그래서 교과서에도 주여 어찌 하오리까 하고 적었는데 선생님이 넘겨 보시고 학생들 앞에서 큰소리로 '주여 어찌 하오리까' 하고 말하시더라고요. 그렇게 그당시 어려웠어요. 하나님앞에서 자살은 할 수 없고, 금식 기도하다가 죽으면 되겠다 생각하고 방학 때 금식 기도를 하는데 이틀이 지나도 안 죽는 거예요. 그래서 생각해보니까 예수님이 40일 금식 기도 하셔도 안 돌아가셨잖아요. 큰일 났다, 방학은 30일인데 30일 동안 금식 기도 후에 안 죽으면 어쩌냐 하고 사흘째 되던 날은 아주 결사적으로 하나님 앞에 매달리면서 난 살기 싫다고 빨리 천국 가고 싶으니까 빨리 데려 가시라고 아주 전심으로 기도를 할 때 그 시간에 주님이 찾아 오셨어요.

'너는 이미 죽었느니라 이제 나를 위해서 살아줄 수 없겠니?'

세 번이나 간절하게 애원하시듯이 말씀하셔서서 더 이상 죽을려고 할 수가 없었죠. 나 스스로도 주님을 위해 살고 싶은 맘이 간절했는데 주님께서 죽지 말고 날 위해 살아달라는 요청을 하셨고 그 이후에는 제 삶을 주님께서 끌고 가시는 거예요. 대학교 갈 때도 장학금이 미리 오고 그럴 정도로요. 그래서 지금까지 살아오면서 주님께서 인도하시고 끌어주셔서 저는 목회에도 별로 어려움을 모릅니다. 주님이 다 해주시니까요. 아무튼 어릴 때의 극심한 고난이 큰 축복이 되었습니다.

김 : 강력한 하나님의 은혜를 날마다 체험하시네요. 그때 주님이 나를 위해 살아달라고 당부하시는 말씀을 듣고 목회를 결심하지 않으셨을까 하고 생각이 되는데요.

목 : 목회는 초등학교 6학년 때 그 형님 따라 다니면서 은혜를 많이 받았는데 그때 제 마음에 소원이 생겼어요, 예수님을 장차 만나게 될텐데 무엇을 하다가 가면 예수님이 아주 기뻐하실까? 생각해보니깐 죽어가는 영혼을 구원하는 것보다 더 주님을 기쁘게 할 것이 없더라고요. 그래서 우리 반 아이들을 다 전도하기 시작했어요. 그래서 아이들이 저보고 '정목사, 정목사' 하고 불렀어요. 나중에 생각해보니깐 우리 나라 백성을 몽땅 예수믿게 해야겠더라고요. 그럴려고 하면 훌륭한 목사님이 되어야하겠다, 공부도 열심히 해야겠다, 그래서 좋은 목사가 되어야지 하고 평생의 계획을 세웠죠. 중, 고등, 대학교도 제일 좋은 데를 나오고 신학교도 좋은 데를 다녀서 훌륭한 목사님이 되어야겠다, 그래서 이 나라 백성을 몽땅 예수 믿게 해야겠다는 비전을 가졌는데, 하나님께서 인도하셔서 중학교때부터 장학생이 되어서 대학교 갈 때도 장학금이 오고 하나님을 기쁘시게 하는 비전을 갖고 살 때 얼마나 수지 맞는 줄 몰라요.

제일 좋은 길로 인도하시고 제일 좋은 것을 주시고 생각해보니깐 우리 수영로 교회 자리도 제일 좋지, 예배당도 제일 좋지, 아주 그냥 와이프도 제일 좋지, 너무 좋더라고요. 하하

어려움을 주신 하나님께 감사합니다. 그것 때문에 더 기도했고 주님을 만났고 음성을 들었습니다. 풍성하신 하나님이 나의 아버지이십니다.

김 : 구원에 대한 선한 욕심은 아무리 부려도 하나님이 풍성하게 부어주신다는 생각을 하면서 저도 선한 욕심을 많이 부려야겠다는 생각을 했습니다. 목사님, 목회 하신 세월이 상당히 오래 되셨죠?

목 : 그럼요 66년도에 신학교를 들어가서 70년도에 목사되고 지금까지 왔으니까 전도사 생활까지 43년 정도 되었네요.

김 : 그 세월동안에 하나님께서 어부가 물고기를 많이 수확하는 것처럼 축복을 주셨을텐데요, 목회하시면서 만난 분 중에 특별히 은혜 나눌 성도분들 계시면 나눠주세요.

목 : 너무 감사한 것은 좋은 성도들을 하나님이 많이 붙여 주셨는데, 제일 잊지 못하는 것은 저를 전도한 친구의 큰 형님 이문호 장로님입니다. 그분은 그때 대학생이었는데, 인격적으로도 훌륭하고 성품도 좋으시고 아주 성령도 충만하시고 공부도 잘하셨고 교회 총각 중에 아주 인기인이었죠. 그분을 통해서 예수를 저렇게 믿어야겠다고 생각했어요.
제가 예수 믿자마자 제일 좋은 모델을 붙여주셔서 신앙 생활을 그분 하는 것처럼 그대로 하면서, 은혜도 빨리 받고 하루에 세 번씩 기도를 하면서 밤에도 기도하고, 철야 기도도 하고, 기도 많이 하는 학생으로 소문이 난 어린 시절을 보냈죠.
다음에는 수영로 교회 개척할 때 재산을 드려서 예배당을 지어주신 정해찬 장로님이 얼마나 감사한지요. 너무 예쁘게 500명 들어가는 예배당을 잘 지어 주셨고, 사례비도 넉넉하게 해주시고 1년 지나서 교회가 자리잡아 2년째 부터는 도움이 필요 없을 정도였죠.

평생에 잊을 수 없는 고마우신 분들이고 첫 번째 장로 되시는 박동우 장로님 은 성탄 때나 추석 때나 구제비로 저한테 몇 백만원씩 주시면서 성도들을 구 제하라고 하시고 동네 사람들에게 밀가루도 나누어 주도록 몇백 포대를 주 시고 교회 재정이 부족하면 무명으로 감사 헌금을 해서 재정을 채우시고 우 리가 개척 교회일 때 돈 걱정 안하게 해주셨습니다. 수영로교회의 좋은 전 통을 그분이 세워 주셨어요. 그러니까 부흥 될 수밖에 없었지요.

김 : 아멘, 우리 모두 하나님의 일을 하는 사람들을 돕고 열심히 섬겨야겠다 는 마음을 가졌으면 합니다. 목회 철학도 나누어 주시면 감사하겠습니다.

목 : 주보에도 나오지만 **첫째가 은혜 중심**입니다. 교회가 은혜로우면 부흥되게 되어 있거든요. 또 목회도 은혜롭게 하면 잘되는 것이고 성도도 은 혜 받으면 복을 받게 되어 있습니다. **두 번째로는 말씀 중심**입니다. 말씀이 풍성하고 말씀의 은혜가 넘쳐야만 교회가 건강하게 되기 때문에 저 는 말씀을 아주 중요하게 생각합니다. 그 다음이 **선교하는 교회**, 이것은 지상 과제인데요, 주님이 교회를 세우신 목적가운데 하나가 복음을 전해서 땅끝까지 교회가 세워지고 하나님의 나라가 세워지는 것이기 때문에 저는 이 세 가지를 목회 철학으로 전하고 힘써 왔습니다. 지금은 선교사 5,000명 을 목표로 할 정도로 성장한 교회가 되어서 선교사님을 1,700명 정도 후원 하고 있어요.

김 : 그 숫자를 하나님께서 채우실 줄로 믿습니다. 이 땅은 하나님이 사랑하시는 성시인데, 믿지 않는 영혼들이 많아 안타깝습니다. 목사님, 권면의 말씀 부탁드립니다.

목 : 부산 사람들은 정이 많습니다. 처음에는 무뚝뚝한 것같아도 저는 37년 살면서 너무 정이 들었어요. 이제 서울 가면 어색하고, 부산에서 오래 살았으니 부산 사람이 다 되었고 저는 부산을 너무 사랑합니다, 부산 시민들의 성품이 착한 것같아요. **예수만 믿으면 최고입니다.** 저는 목표가 부산 사람 400만 명을 복음화하고 그 불길이 평양까지 가서 이 민족을 모두 복음화하는 것입니다.

김 : 하나님을 믿으시라고 강력하게 말씀해주세요.

목 : 우리 교회에 매년 들어오는 새신자들 중에 70% 이상이 교회를 처음 와보는 분들이예요. 그런데 이분들이 교회 들어와서 앉아마자 울기 시작하는 분이 많아요. 마치 예수님이 품어 주시는지 그렇게 울어요. 얼마나 감사한지요. 이 부산 시민들이 대부분 교회를 나가 본 적이 없어서 처음 오시는 분들이 정말 많아요. 그게 다른 도시랑 다른 점입니다.

우선 교회를 와보면 교회가 얼마나 좋은가를 알텐데 한번도 안 와본 거예요, 그런데 최근에 이 지역 교회들이 성장하고 있어요. 통계상으로도 그렇고, 그래서 하나님께서 부산 시민들을 모두 예수 믿게 해주실거라고 저는 믿고 있습니다. 빨리들 예수 믿으면 좋겠습니다.

새신자들이 교회 오면 교회 앉자마자 우는 분들이 많습니다. 마치 예수님이 품어주시는 것처럼요. 얼마나 감사한지 모릅니다.

김 : 아멘, 목사님과 교회 비전을 나누면서 마무리했으면 좋겠네요.

목 : 우리 교회 비전은 부산 복음화, 민족 복음화, 세계 복음화
하는 비전을 가지고 소그룹 사랑방을 1만 개로 만들고, 5,000명의 선교사들
을 파송하고, 부산 시민 50만 명을 감당할 수 있는 교회가 되는 것이 비전입
니다. 교인들이 그것을 위해서 항상 기도하고 열심히 노력하고 있습니다.

김 : 특별히 당부하시고 싶은 말씀이 있으시다면요?

목 : 지금은 이제 예수님이 재림하실 때가 가까운 말세입니다. 원수 마귀가
우는 사자처럼 삼킬 사람을 찾아 다니듯이 우리를 유혹하고 있고 지금이야
말로 정신을 차려야 할 때입니다. 우리가 마음 관리와 시간 관리를 잘해야
하는데 이제 좋은 것은 극동방송에서 나오는 설교나 찬양을 많이 들으시고
은혜되는 방송을 들어서 날마다 승리하는 거룩한 삶을 사시기를 바랍니다.

김 : 초등학교 때 하루 세 번 기도하는 소년이 지금은 하나님께서 크고 귀하
게 쓰시는 목사님이 되신 것을 보면 주안에서 꿈을 이루는 것이 정말 가능
하다는 생각이 듭니다. 이런 놀라운 기적이 모든 젊은이들에게도 일어나기
를 기도합니다. 목사님 감사합니다.

호산나교회 **최홍준** 목사님

삶의 현장에서
그리스도의 향기를

부산시 강서구 명지동에 자리잡고 있는 호
산나교회는 1977년에 설립되어 34년간 꾸
준히 성장하며 지역사회에 큰 영향력을 끼
치고 있다. 호산나교회로 부임한지 23년이
된 최홍준 목사는 그동안 제자훈련과 목양
장로사역에 중점을 두어 1만 명에 육박하는
대형교회로 성장시켰다. 멀티미디어를 통
한 역동적인 예배를 가장 중요시하며, 청소
년에 대한 특별한 관심을 기울여 차세대를
이끌어 다음세대의 글로벌 리더들로 준비
시키는 데 주력하고 있다.

삶의 현장에서 그리스도의 향기를

시편 111편 "주께서 내게 베푸신 은혜를 무엇으로 보답할꼬" 이 말씀이 저의 고백입니다.

김 : 목사님은 하나님을 어떻게 믿게 되었고 목사님이 되셨는지 궁금합니다.

목 : 경남 함양에서 태어나서 10살때까지 교회가 없는 마을에서 살았어요. 그래서 교회를 모르고 초등학교 2학년까지 살았습니다. 그러다가 제가 삼촌 집으로 양자를 가서 교회를 가게 된 거예요.

김 : 하나님의 인도와 섭리하심이 있었네요. 그 당시 삼촌댁의 모습을 상상하신다면요.

목 : 당시 삼촌집에 아기가 없었거든요. 저희 아버지는 장남이셨는데, 7남매를 낳으셨고, 제가 삼촌 집에 아들로 들어갔습니다. 그때 삼촌 부부와 함께 교회를 다녔고요, 가정 예배도 드렸습니다. 새벽 기도는 저 혼자 집에 있는 것이 무서워서 따라 나섰어요. 그래서 어릴 때부터 새벽 기도도 다니고 교회, 학교, 집, 교회가 생활화된 것입니다.

김 : 어릴 때 교회 다니시면서 주일학교 시절에 좋은 선생님이나 친구들, 또 많이 예뻐해주셨던 목사님도 기억나실 것같은데요. 어떠신가요, 목사님?

목 : 어린 시절에 교회를 다닐 때는 목사님이 안 계셨어요. 목사님은 읍에서 오셔서 순회하셨고, 저희 당고모님이 교회 학교 선생님이셨어요. 지금은 사모님이 되셨고 그 고모님이 3남매를 두셨는데 두 딸이 다 목사 부인이 되었고 아들도 목사가 되었고 고모부도 은퇴하신 목사님입니다. 제가 4학년때 읍으로 나왔는데, 그때부터 제대로 주일학교가 구성되어서 지금 세계로 병원 이사장으로 계신 이성도 장로님이 저희 교회학교 선생님이셨어요.

김 : 아름다운 만남이 하나님안에서 이어지는 것을 볼 수가 있군요. 또 말씀하시는걸 들어보니까, 특별히 가문의 축복을 참 많이 받으셨네요.

목 : 제가 우리집에서 처음 예수를 믿었고 이제는 우리 7남매가 다 신앙 생활을 합니다. 또 밑에 동생 두 명이 목사가 되었고 보살의 따님이었던 큰형수

실수도 하고 부족한 우리들이지만 돌이키고 회개하면 사랑의 하나님께서는 오히려 합력하여 선을 이루십니다. 그 하나님을 항상 찬양하고 노래합니다.

님도 권사님이 되었고 형수님들은 전부 권사님입니다.

김 : 목사님께서 가정에 한알의 밀알이 되셨네요. 목회자가 되시기까지의 과정은 어떠셨는지 궁금합니다.

목 : 사실 대학을 졸업할 때까지 목회자의 비전은 없었고, 대기업가의 꿈을 가졌습니다. 훌륭한 기업가가 되어서 가난한 사람들을 돕고 싶었습니다. 그런데 대학 졸업하고 10년이 지나서 작은 자영업을 할 때 하나님께서 저를 부르셨어요. 저는 평신도때 주님을 만났기 때문에 전도하는 것이 큰 즐거움이 있었어요. 주께서 베푸신 은혜를 빚진 자의 마음으로 갖고 있다가 제게 소명 주신 것을 확인하고 신학을 하게 되었습니다.

김 : 소명을 어떤 마음으로 발견하셨는지 궁금합니다.

목 : 주일학교 교사를 하고 평신도 생활을 하면서도 직장 생활동안 끊임없이

하나님은 이 땅의 모든 교회가 잘 되고 부흥하기를 원하십니다.
저는 하나님이 주신 목회적인 축복을 동역자들이 함께 성장하도록 섬기는
사역을 하고 싶습니다.

주일날 오후에는 노방 전도도 하고, 전도하는 와중에도 하나님께서 은혜를 주셨어요. 그때 주위에서 계속 저보고 신학 공부하고 목사가 되라고 하더군요. 그래서 고민하다가 명절 연휴에 기도원을 갔어요. 기도원에 가서 열심히 금식 기도를 하다가 하나님께서 제게 주신 뜨거운 소명을 받게 되었어요.

김 : 그때 주변의 반응은 어떠셨는지, 혹시 주저함 같은건 없으셨어요?

목 : 하나님이 제게 주신 소명에 확신을 갖고 아골 골짝 빈들에도 주께서 가라고 하시면 가겠다는 그런 뜨거움을 받았는데, 그 당시 제일 기도를 많이 하셨던 어머니와 장모님이 반대를 하셨습니다. 그렇지만 두분 도 하나님의 인도하심을 보면서 적극적인 기도의 후원자가 되어 주셨죠.

김 : 목사님, 지금까지 어려운 고비도 있었을테고 특별한 은혜도 있으셨을 텐데요?

목 : 신학을 하면서 가장 고민했던 것은 가족들의 생활을 위해서 야간을 할 것이냐 아니면 신학에 전념하기 위해서 주간을 갈 것인가? 이 문제였습니다. 그 당시 아이가 셋이고 어머니까지 해서 여섯 식구의 가장인데, 일을 그만두고 낮에 신학을 한다는 것은 현실적으로 아무도 이해하지 못하는 거였습니다. 그렇다고 30세가 넘어 신학을 하면서 야간을 가고 싶지는 않았어요. 야간 학교를 나오신 분들을 무시하는 것이 아니라 그분들은 그분들 나름의 소명이 있겠죠. 그래서 전능하신 하나님께서 나를 불러 주셨다면 모든 것을

책임져주실거라 생각했죠. 그런데 정말 책임을 져주시더라고요. 한가지 예로 그 당시 담임 목사님이 십일조로 3만 5천 원 내셨을땐데요, 30년전에 저는 교육 전도사로서 5만 원을 내기도 했으니까요. 모두 하나님께서 채워 주셨습니다.

김 : 하나님께서 어떻게 인도하셨는지요.

목 : 그때 은행에서도 성경 공부 해달라고 하고, 직장에서도 사목으로 와달라고 하고 가는 데마다 저를 찾아주셨습니다. 영적인 일을 하면서 하나님께서 채워주셨어요. 그러니까 가족들이 하나님께서 불러서 사용하시는구나 하고 하나님의 은혜를 다 알게 된거죠.

김 : 매일 하나님의 은혜로 헤쳐 나가셨네요. 목회를 하시면서 많은 사람을 만나고 교감을 하셨을텐데요, 특별히 소개해 주실 분들이 있나요?

목 : 옥한흠 목사님을 잊을 수 없죠. 그리고 신학대학에서 만났던 김명혁 목사님을 통해 하나님 중심이 이런 것이구나 하는 것을 알게 되었고 옥한흠 목사님을 통해서 목회가 이런 것이구나 하는 것을 보고 알게 되었습니다. 두 분은 저의 목회의 양기둥이죠. 롤 모델이기도 합니다.

김 : 두 분은 영적인 거목이시잖아요. 그분들이 쓴 책들을 읽어봐도 제자 훈련에 미치고 정말 주님밖에 모르는 분인 것을 알 수 있는데요. 마찬가지로

최홍준 목사님도 많은 후배 목사님들에게 좋은 영향을 미치고 있다고 생각합니다. 목사님의 귀한 목회 철학도 함께 나눠주시면 감사하겠습니다.

목 : 옥한흠 목사님께 배운 제자 훈련 사역은 예수님께서 제자와 무리를 구별하시면서 당신의 사역을 계승한 것이죠. 그래서 평신도를 그리스도의 제자화해서 함께 동역하는 것이죠. 그러니까 강단에서 설교를 하고 있지만 청중들, 설교를 듣고 있는 사람가운데 모든 면에서 학력, 출신, 인격 등 정말 훌륭한 분들이 많아요. 이분들이 교회에 와서 예배만 드리고 돌아가는 것은 성경적이 아니예요. 그분들을 제자화해서 삶의 현장에서 그리스도의 향기를 드러내면서 하나님 나라를 확장해 나갈 수 있도록 평신도를 제자화해서 동역하는 것이 제 목회 철학입니다.

김 : 제자 훈련은 인내심과 수고가 필요한 사역이지만 뿌리를 든든히 하는 사역이라고 생각합니다.

목 : 그렇습니다. 성도들이 교회에 처음에 들어왔을 때는 좌우를 분별 못하고 이기적인 영적인 어린아이였다가 훈련받고 자라서 하나님 중심으로 신앙 생활을 하고, 꿈을 갖고 살아가는 것을 보면 그렇게 대견할 수 없어요.

김 : 아이를 해산한 어머니보다 더 큰 기쁨을 얻으실 거란 생각이 듭니다. 목사님, 좋아하는 말씀은 어떤 말씀이신지요?

목 : 로마서 8장 28절을 참 좋아해요. 하나님을 사랑하는 자 곧 그 뜻대로 부르심을 입은 자들에게는 곧 모든 것이 합력해서 선을 이룬다는 말씀요. 우리 성도들이 살아가는 과정 가운데서 죄도 범하고 실수도 하고 하지 않습니까? 그런데 그가 하나님을 사랑하고 있고, 돌이키고 회개만 한다면 하나님께서는 능력이 많으셔서 **오히려 선을** 이루십니다. 저는 그 하나님을 너무 좋아하고 항상 찬양하고 노래합니다.

김: 부산의 영적인 현황에 대해서 어떻게 생각하시는지요?

목 : 어떤 면에서 선교지라고 할 수 있죠. 지방에서 예수 믿으러 도시로 오는데, 예수 믿으면 서울로 가버려요. 서울에는 복음화율이 거의 40%가 넘는 것으로 알고 있습니다, 그리고 부산과 목포 군산 등 해안을 중심으로 무속과 미신이 많지요. 그 가운데서 부산은 일본과 아주 가깝다는 특징이 있지요. 지난번 BFGF 대회 때 일본 대표들이 와서 우리와 대담하면서 부산 복음화율이 아주 낮다는 사실에 깜짝 놀라더군요. 그 이유는 전국의 사찰중에 큰 사찰이 대부분 부산에 있는 것이 첫 번째 이유고, 두 번째 이유는 영적전쟁터인 일본이 가까이 있다는 사실입니다. 그렇게 말하니까 일본 대표들이 웃으면서 그럴 수 있겠다고 공감했었어요. 선교지인 일본이 우리 코앞에 있습니다. 그들도 복음화시키기 위해서는 먼저 **부산의 복음화가 빨리** 되어야 합니다. 참 감사하게도 지금까지 전국적인 면에서 부산같이 기독교가 단결되어 있는 곳이 없습니다. 거기에 부산 극동방송까지 개국을 했으니 이거야말로 기름에 불을 붙인거죠.

김 : 할렐루야. 목사님, 호산나교회 비전을 전해주십시오.

목 : 어떤 한 교회만 잘된다고 해서 하나님은 기뻐하지 않습니다. 하나님은 모든 교회가 잘되고 부흥하도록 원하시거든요. 저는 목회적인 면에서 하나님이 주신 이 축복을 동역자들이 함께 성장할 수 있도록 섬기는 사역을 하고 싶습니다.

김: 아직도 믿지 않는 분들에게 꼭 주님을 믿으라고 한 말씀 부탁드립니다.

목 : 세상 사람들은 지금 이 땅위에 사는 게 전부라고 생각하면서 사는데, 대부분 기독교를 몰라서 그렇거든요. 우선 교회를 찾아와보시면 좋겠어요. 와서 말씀을 들으시면 참된 진리를 믿으실 거예요. 지금까지 믿었던 신이 집안을 망쳐 놓는다는 불안함을 절대로 가질 필요도 없고 하나님께 오시는 분은 부모님을 만난 편안함을 느끼실 겁니다.

김 : 주님께 꼭 오십시요. 인생이 바뀔 수 있습니다. 하나님 안에서 한 평생을 열정적으로 목회하신 목사님의 감사의 고백을 들으시면서 마무리하겠습니다.

목 : 시편 111편이죠. '주께서 베푸신 은혜를 무엇으로 보답할꼬' 하는 그 말씀을 고백하지 않을 수 없습니다. 지금까지 지내온 것도 주의 크신 은혜고 앞으로도 그러리라 생각합니다. 우리가 살아가는

모든 과정을 하나님이 인도해주시는 것과 항상 연약한 우리가 하나님과 함께 할 수 있다는 것이 너무 감사합니다. 또 천국을 향해 한발 한발 향하는 것도 얼마나 감사한지 모릅니다. 오직 감사 밖에 없습니다. 여러분에게 하나님의 크신 은혜와 축복이 넘치기를 기도합니다.

김 : 항상 축복받는 목회로 하나님께 더 귀하게 쓰임 받으시길 기도 드리겠습니다. 목사님, 감사합니다.

기도는 길어도 응답은 순간이다

1981년에 설립되어 30년간 꾸준히 성장해 온 부산 북구 화명3동의 포도원교회가 지향하는 목표는 '하나님을 영화롭게, 가정을 행복하게, 교회를 건강하게, 지역사회를 아름답게 만드는 것'이다. 담임목사이신 김문훈 목사님은 포도원교회로 부임하신 지 11년이 되었으며 그동안 성도들의 치유와 회복에 힘을 쓰고 말씀으로 양육하였다. 고신대의과대학 교목출신으로서 젊은이들의 사역에 관심을 가지고 의료선교와 국내외 방송문화선교에도 힘을 쓰고 있으며 특별히 방송설교사역을 통하여 전국적으로 수많은 성도들을 섬기고 있다.

기도는 길어도 응답은 순간이다

영적인 메이크업을 가지고 힘차게 나아간다면 부산이 변화되고 대한민국이 바뀔 것입니다.

김 : 목사님, 어떻게 하나님을 영접하게 되셨습니까?

목 : 시골의 산골 모교회가 80년 된 교회예요. 그런데 그 교회가 바로 집 뒤에 있었어요. 그게 하나님 은혜였습니다. 집 뒤에 예배당이 있어서 철이 없었을 때부터 예배당이 놀이터였고 모든 생활이 예배당 중심이었죠. 원래 우리집이 종가집이고 불교가 심해서 교회 갈 수가 없었지만 제가 셋째였기 때문에 교회에 다닐 수 있었습니다. 사실 저는 어릴 때 성탄절에 빵 얻어먹으러 교회 갔다가 조직에 몸을 담고 지금까지 왔다고 얘기합니다.

김 : 어린 시절에 어려운데도 끊임없이 교회를 다니셨던 특별한 이유가 있었을까요?

목 : 제 기질상 하나를 하면 끝을 보고 욕심이 많았던 것 같아요. 그래서 주일학교 때도 제일 많이 사랑받았죠. 성탄절에 무슨 순서가 있어도 요셉 역할이나 독창은 제가 다 하고, 또 그렇게 해야만 직성이 풀리곤 했어요. 작은 시골 교회지만 전도사님께 사랑을 많이 받았고 교회에서 심부름을 시켜도 저를

예수 믿으세요. 예수 믿으시면 가난과 고통과 사망에서 자유할 수 있습니다.
예수 믿는 것이 인생에서 가장 복 받는 길입니다.

시켜야지 다른 친구를 시키면 섭섭할 정도였지요.

김 : 앞에 나가서 사람들을 확 잡아당기는 무대 카리스마도 어린 시절부터
있었을 것 같은데요.

목 : 그건 아닙니다. 저는 굉장히 내성적이고 소심한 타입이었어요. 그래서
낯가림을 하고 사람 눈동자를 잘 못쳐다 볼 정도였는데 변했어요. 저는 **예
수 믿어서 A형이었던 것이 O형 같이 바뀌고** 소음인이었던
것이 태양인으로 바뀌었다고 하거든요. 복음이 들어가면 성격이 기본적인
것은 안 바뀌지만 긍정적으로 되더라고요. 자신감 넘치게 되고, 그렇게 변한
거지요. 굉장히 소심하고 내성적인 아이였어요.

김 : 목사님, 어떻게 목회자까지 오게 되셨는지 그 말씀도 들려주세요.

목 : 저는 제 인생을 뒤돌아보면 하나님이 강권하시고 주도적으로 이끄시고
저는 따라오다 보니까 여기까지 왔습니다. 어릴 때부터 교회는 다녔지만 고
신대학교에서 신학을 하게 되기까지 청소년 때 마음의 방황을 많이 했죠. 왜
냐하면 내성적이고 소심한데다 앞길이 잘 안 열리니까 혼란스러웠어요. 앞
으로 무슨 일을 해야 할지에 대한 막연함이 청소년들의 마음을 불확실하게
이끌고 가잖아요? 그것이 오히려 저한테는 소명이 된 것 같아요. '내가 앞으
로 방황하는 많은 사람들에게 길을 제시하고 청소년들에게 하나의 모델이
되고, 또 청소년들을 상담, 교육할 수 있는 사역자가 되자.' 오히려 **약점이**

소명이 되면서 그게 신학을 하게 된 부르심이었죠.

김 : 불신 가정과 경제적으로 어려운 환경들, 장래가 보이지 않는 막연함, 그 때가 인생의 고난기가 아닌가 싶은데요, 어떠십니까?

목 : 굉장히 가난했지요. 저는 신학을 아주 어렵게 했습니다. 9년 동안 신학을 했는데요. 한 번도 어디서 돈을 받아보거나 후원을 받은 적이 없습니다. 혼자 아르바이트를 13가지를 했습니다. 돈이 없으면 굶고, 돈이 없으니 책을 못 사보고 그리고 또 몸이 많이 아팠습니다. 그래서 대학 3학년 때에 대수술을 하고, 제가 여섯 달을 병원에 누워있던 사람이에요. 그때 한 달 안에 죽는다고 사형 선고도 받고, 그런 과정이 어떻게 생각하면 굉장히 야성이 발달되고 전투력이 생기고 영적인 항체가 형성된 시기이지요. 소극적으로 내숭을 떨 필요가 없다고 생각했어요.

김 : 목사님, 어려움을 겪는 분들에게 강력하게 권면의 말씀을 해주세요.

목 : 최근에 롯데 로이스터 감독의 인터뷰를 보고 충격을 받았는데요. 전문적인 프로 선수에게 가장 필요한 것이 무엇이냐고 물을 때, 기량, 안타를 치고 수비를 잘하는 것이 아니고 메이크업이라는 거예요. 그분이 말하는 메이크업이라는 것은 화장을 고치는 것을 말하는 게 아니고 자신감, 반드시 이겨야겠다는 근성이 중요하다고 하는데 우리가 살아가는 문제도 마찬가지입니다. 지금 저는 이 시대를 간단하게 진단해 본다고 하면 경제가 약하고 우리 자신이 약한 게 아니고 우리들의 마음에 나도 모르는 사이에 우울증, 열등감, 패배감이 있는 것이 문제입니다. 어렵다, 힘들다, 못 살겠다, 죽겠다, 안 된다는 말이 만연이 되어 있어요. 그 부분이 제 목회의 타겟입니다. 우울을 극복하고 패배감을 해소하자. 그게 이 시대의 문제고 그 부분을 극복하면 성공한다고 보죠.

김 : 목사님의 목회 철학도 궁금해요. 함께 나눠주시면 좋겠습니다.

목 : 제가 많이 아팠을 때 성경을 묵상하면서 새긴 말씀이 디모데후서 1장 7

절이거든요. 하나님이 우리에게 주신 것은 두려워하는 마음이 아니요, 능력과 사랑과 근신하는 마음입니다. 제가 병에 걸려서 죽어갈 때 겁을 먹고 두려움에 빠져 있었는데 그것은 마귀가 주는 두려운 마음이고 하나님께서 주신 것은 아니라고 생각하고 마음을 바꿨어요. 하나님은 능력을 주시고 사랑을 베풀어 주시고 근신하는 마음을 주셨다는 것이 제 목회의 하나의 좌표가 되고 그 말씀 붙들고 지금까지 온 거예요. 그래서 힘이 없는 성도들에게 힘을 주고, 좌절하고 낙망하는 성도들에게 새 힘을 주는 **치유 회복 쪽에 초점**이 맞춰져 있습니다.

김 : 아멘, 불신 가정이라고 말씀을 하셔서 궁금한 점이 많이 생겼습니다. 목사님, 가족을 어떻게 전도하셨어요?

목 : 제가 얘기 하는 것 중의 하나가 **'기도는 길어도 응답은 순간이다'** 인데요. 어머니를 전도하는 데 약 30년이 걸렸거든요? 불신 가정, 종가집에서 태어났기 때문에 핍박을 많이 받았는데 나중에 어머니를 전도하게 됐습니다. 제가 좋아하는 말이 **'복의 근원이 된다'** 인데, 불신 가정에서 혼자 믿었지만 지금은 복의 근원이 되어서 어머니가 서리집사가 되고 우리 교회가 부흥되고 또 제가 방송 사역을 하는데, 전국에 제 방송을 보고 계신 분이 약 100만 명이 된다고 합니다. 복의 근원이 된다는 것은 시작은 한 방울 한 방울의 물로 시원찮지만 결국은 도랑을 이루고 내를 이루고 강을 이루고 바다를 이룹니다. 가족 전도를 하면서 항상 이런 생각을 합니다.

김 : 지금도 간절히 기도하고 있는 불신 가정의 성도들에게 따뜻한 권면의 말씀을 해주세요.

목 : 일단은 가족전도가 안 될 때 그것에 대한 부담을 안 가져야 된다고 봐요. 교회에서 프로그램을 할 때에도 너무 부부동반 이런 것을 하는 것보다, 홀로 믿는 분들에 대해서 배려가 있어야 합니다. 왜냐하면 그분들이 전도를 안 하려고 하는 게 아니고 문화적으로, 관계적으로 복음화를 시키는 것이 어렵단 말입니다. 저는 불신가정에서 핍박 받고 자랐기 때문에 그분들이 이해가 되고 위로하는 마음이 있습니다. 근데 나중에 돌아오니까 금방이더라고요. 그래서 포기하지 말고, 선을 행하다가 낙심하지 말찌니 피곤하지 아니하면 때가 이르면 거둔다고, 그 때라는 것은 '아더매치'라고 하더라고요. 아니꼽고, 더럽고, 매스껍고, 치사한… 그런 어렵고 힘들고 부끄러운 일이 있죠.
제가 어머니를 전도하지 못하고 신학을 했습니다. 근데 신학을 마치고 이제 어머니를 전도하고 지금은 어머니가 서리집사가 되어서 저를 위해서 늘 기도하고 있고 어머니가 교회에서 전도왕이십니다. 그렇게 어르신 전도를 많이 하십니다.

김 : 어머니께서 돌아오셨을 때의 모습을 보고 '믿지 않는 분들을 이렇게 전도해야 되겠다' 하고 결심하신 부분이 있다면요.

목 : 어머니를 전도할 때 한 가지 느낀 것이요, 어머니가 종가집에서 평생 제

사를 지내셨는데, 교회 처음 오셨다가 집에 가신 그 날 저녁에 꿈을 꾸는데 꿈에 구렁이가 두 마리 나타나서 우리 어머니를 칭칭 감더라는 거예요. 그래서 그 다음날 어머니가 교회 다시 안 가겠다, 무섭다고 하셨어요. 제가 이걸 봤을 때, 뱀이 사탄이잖아요? 사탄이 뱀으로 나타나서 에덴동산으로부터 유혹을 했잖아요? 전도라는 것은 말 좀 잘하고, 선물 많이 갖다 드리고 하는 것이 전도가 아니라는 거죠. **전도는 영적인 전쟁입니다.** 마귀의 강력한 진을 파하고, 악한 권세에 사로잡힌 영혼을 도로 찾아오는 것이죠. 어머니를 전도하면서 그걸 느낀 겁니다. 그래서 전도하기 전에 반드시 기도해야 하고 먼저 권세와 능력을 덧입고 나가야 되죠. 영적인 전쟁에서 이겨야 하기 때문에요. 저는 어머니를 위해서 계속 기도해서, 다시는 교회 안 오시려고 하는 분을 모셔왔고 그 모든 과정을 이기고 지금은 서리 집사님이 되셨습니다.

김 : 아멘. 승리하셨습니다. 목사님, 하나님을 몰라서 어둠의 인생을 살아가는 분들에게 간절한 권면의 말씀 부탁드립니다.

목 : 독일 베를린을 가보니까 그 베를린이 2차 대전 때 멸망을 당해서 건물이 많이 부서지고 베를린 시민들 3~4명 중에 한 명은 죽었더라고요. 그렇게 철저히 패전 국가였는데 마틴 루터 고향이 거기더라고요. 그래서 그분들이 성경의 바탕 위에 다시 일어나서 라인강의 기적을 만들었죠. 지금 독일이 세계 경제 3위입니다. 유럽 연합 공동체의 40%를 독일에서 먹여 살립니다. 우리나라도 그렇다고 봐요. 한강의 기적이 일어났고 복음이 들어가면 사람이 바뀝니다. 그렇게 바뀐 자세로 사업을 하고 직장을 다니고 가정을 이루면 가정

불신 가정에서 어머니를 전도하는 것이 30년 걸렸는데, 결국은 복의 근원이 되었습니다. 가족 전도의 시작은 한 방울의 물처럼 작았지만 결국은 도랑을 이루고 내를 이루고 강을 이루고 바다를 이루게 되었습니다.

이 화목하게 되고 사업이 부흥될 수밖에 없죠. 그래서 저는 복음이 들어가게 되면 그게 인생을 고치는 것이 되고, 예수 믿으면 그게 부자 되는 것이고, 영육간에 잘 되는 것이기 때문에 현실적으로 도전하고 싶은 거예요.

예수 믿으세요. 예수 믿으시면 이 모든 저주와 가난과 고통과 사망에서 자유가 오지요. 자기의 모든 가슴에 응어리진 열등감, 패배감에서 치유가 나타나지요? 그러면서 자기가 행복해지는 거예요. 행복한 사람이 가정을 이루고 직장에 들어갔을 때 공동체를 변화시키는 겁니다. 아주 화목하게 되고, 복의 근원이 됩니다. **예수 믿는 것이야말로 가장 현실적으로 복 받는 길**이고, 잘 되는 길이고 천대까지 잘 되는 길이기 때문에 예수를 믿으시는 게 탁월한 선택입니다. 예수를 받아들이시고 중심에 모시면 팔자를 고치고 모든 저주와 고통에서 자유가 오고 잘 되는 비결이라고 저는 굳게 믿습니다.

김 : 성도들에게 당부하고 싶은 말씀 해주세요.

목 : **신앙은 보수적으로 행동은 진보적으로** 해야 됩니다. 우리의 신앙은 말씀으로 돌아가야 되지만 현장에서 일할 때는 적극, 담대, 낭만, 진취, 발전, 소망을 가지고 쭉쭉 나가야 된다고 보죠. 우리 성도들, 무기력하고, 우울하고 경제가 힘들다는 그런 생각을 떨치고 발상과 착상, 구상을 새롭게 해서 '할 수 있다. 하나님이 함께 하시면 능치 못할 일이 없다.' 그런 영적인 메이크업된 마음을 가지고 사역도 하고, 사명도 가지고, 사랑도 하십시오. 그러면 모든 성도들이 회복이 되고 치유가 되어서 부산이 변화되고, 대

한민국이 바뀝니다. 부산이 영적인 진원지요, 여기가 꿈의 현상소요, 기적의

동산이 될 것을 믿습니다.

김 : 기도 제목 말씀하시면서 마무리하겠습니다.

목 : 어떤 분이 제 설교를 듣고 편지를 보내 주셨는데요. '목사님, 십만 선교

사를 파송해 주세요.' 처음에는 제가 '이건 택도 없는 소리다. 말도 안 되는

일이다.' 너무 허황되다고 생각했는데, 자꾸 그 글이 생각이 나는 거예요.

그래서 생각나게 하시는 분은 하나님이시니까 성령님이 나한테 부담을 주

신다고 생각해서 제가 그것을 기도 제목으로 삼은 거예요. '하나님, 부족하

지만 십만 선교사 파송에 쓰임받기를 원합니다.' 이것이 제 기도

제목이고요, 실제로 제가 느끼는 것은 그 기도를 하면서부터 제 사역이 더

바빠지더라고요. 십만 명 선교해야 하니까요, 부족하지만 십만 선교를 제가

감당하겠습니다. 그래서 가든지, 보내든지, 하든지, 그 부분이 제 기도제목

입니다.

김 : 하나님 나라를 건설하기 위한 목사님의 기도 제목이 멋지게 응답될 것

을 믿습니다. 목사님과 함께한 이 시간, 포도당, 비타민이 되었습니다. 고맙

습니다.

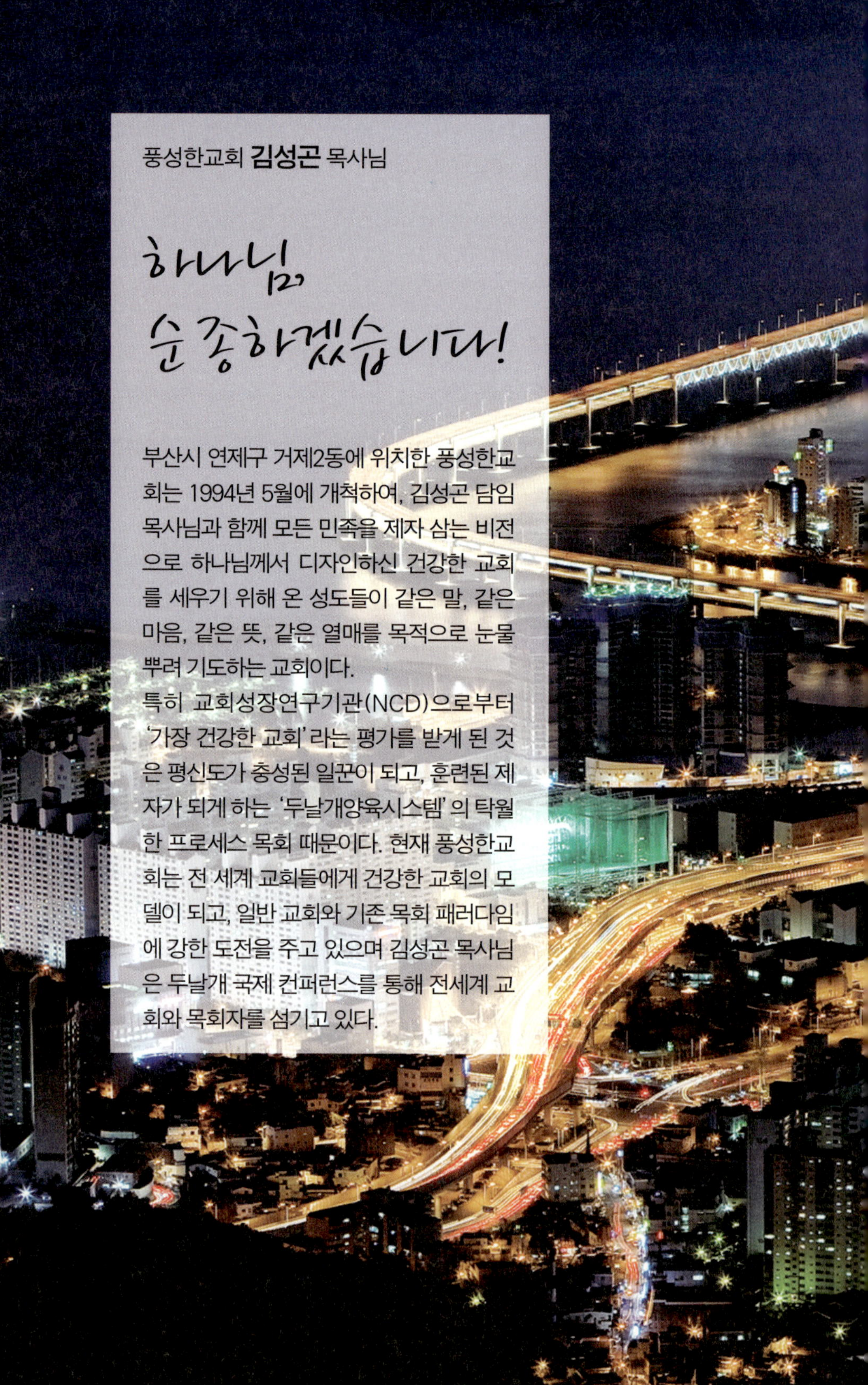

하나님,
순종하겠습니다!

부산시 연제구 거제2동에 위치한 풍성한교회는 1994년 5월에 개척하여, 김성곤 담임 목사님과 함께 모든 민족을 제자 삼는 비전으로 하나님께서 디자인하신 건강한 교회를 세우기 위해 온 성도들이 같은 말, 같은 마음, 같은 뜻, 같은 열매를 목적으로 눈물 뿌려 기도하는 교회이다.

특히 교회성장연구기관(NCD)으로부터 '가장 건강한 교회'라는 평가를 받게 된 것은 평신도가 충성된 일꾼이 되고, 훈련된 제자가 되게 하는 '두날개양육시스템'의 탁월한 프로세스 목회 때문이다. 현재 풍성한교회는 전 세계 교회들에게 건강한 교회의 모델이 되고, 일반 교회와 기존 목회 패러다임에 강한 도전을 주고 있으며 김성곤 목사님은 두날개 국제 컨퍼런스를 통해 전세계 교회와 목회자를 섬기고 있다.

하나님, 순종하겠습니다!

사업가로 승승장구하던 저를 하나님께서 열정적인 그리스도인, 능력 있는 그리스도인으로 변화시켜주셨습니다.

김 : 목사님의 성장 배경을 듣고 싶습니다.

목 : 저는 믿음이 좋으신 부모님 밑에서 태어났고 성장하였습니다. 모태 신앙인이죠. 제 어머니는 결혼하시기 전까지 전도사님이셨고, 아버지는 이십 세에 예수님을 믿고 회심하셨습니다. 믿음 좋으신 부모님의 기도 덕분에 저희 가문 전체가 아브라함의 복을 받는 역사가 일어나고 있습니다.

김 : 어머니의 믿음은 자녀들에게 큰 영향을 준다고 하죠. 어머니는 어떤 분이셨습니까?

목 : 제 어머니는 일본에서 태어나셨어요. 일본에서 학교를 마치셨는데 해방이 되자마자 한국으로 들어오셨답니다. 한국말도 익숙하지 않으시고 낯선 땅에서 굉장히 어려움을 많이 겪으셨습니다. 그러다가 동네에 있는 교회에 나가게 되셨고, 그래서 하나님을 만나서 은혜를 많이 받으시고 인생을 하나님께 헌신하게 되셨답니다.

어머니는 시골 교회에서 전도사 생활을 하시다가 아버지와 결혼을 하셨습

니다. 평소에 말이 없으시며 다소 내성적이셨지만 신앙만은 불같은 분이셨
어요. 어떤 환경이나 사람을 바라보지 않으시고 오로지 믿음으로 예수님만
을 바라보셨던 어머니셨습니다. 그런 면에서 볼 때 저는 어머니로부터 타협
없는 신앙을 물려받은 것입니다.

어머니는 저를 임신하고 8개월쯤 되었을 때였는데, 만삭에도 불구하고 굉장
히 가파른 산 속 깊은 곳에 있는 어떤 기도원에 올라가셔서 한 주간을 금식
기도하셨다고 합니다. 태중에 있는 아이를 하나님께 드린 것입니다. 마치 한
나가 하나님께 아들 사무엘을 드린 것처럼 말입니다. 참으로 대단하신 분이
시죠.

김 : 놀랍습니다. 임신 중에 금식까지 하신다는 것은 정말 대단하신 믿음입
니다. 자녀를 하나님께 드리시고 목사님이 되게 하셨군요.

목 : 제가 목사가 된 것은 서른여섯이 되어서입니다. 제가 목사가 될 때까지
어머니는 저에게 목사가 되라고 한 번도 말씀하신 적이 없으셨습니다. 목사

인수를 받고 돌아오는 차 안에서 어머니는 제 손을 잡으시고 말씀하셨습니다. "너를 임신하고 8개월이 되었을 때 나는 너를 하나님께 드렸단다. 그리고 오늘날까지 네가 목사가 되기를 계속 기도해 왔다." 저는 어머니의 말씀을 듣고 충격을 받았습니다. 왜 그러셨냐고 여쭈니까 주의 종은 하나님이 만드신다고 하시면서 기도만 하셨다는 겁니다. 보통 사람 같으면 아들을 주의 종으로 드렸다고 해서 아들에게 입버릇처럼 말하거나, 주의 종이 되라고 주입을 시켰을 것입니다. 그러나 어머니는 전혀 한 마디도 제게 그런 말씀을 하지 않으셨고 그저 기도만 하셨다는 것입니다.

저는 대학에서 건축학을 전공했습니다. 졸업 후에는 건축 기사가 되어서 현장 일을 했고요. 서른이 넘어서는 작은 건설회사를 직접 운영하게 되었습니다. 사업 문제로 기도원에 가서 한 주간 금식기도를 하게 되었는데 그 때 하나님의 부르심을 듣게 되었습니다.

김 : 그러셨군요. 목사님의 '부르심'에 대한 보다 구체적인 말씀을 듣고 싶습니다.

목 : 그 당시 제가 하던 사업은 상당이 잘 되고 있었지만 그러나 아직 저는 젊고 세상 경륜도 짧아서 고민이 많았습니다. 그래서 한 주간 금식기도를 하려고 기도원에 갔었는데 느닷없이 금식기도 5일 째가 되었을 때, 성령의 불세례를 받게 되었고, 하나님의 부르심의 음성을 직접 듣게 된 것입니다. 모태 신앙인들이 다 그런 것은 아니지만 저는 열정이 없었습니다. 뜨겁지도 차지도 않는 미지근한 신앙인으로 살아가고 있는 제 자신도 사실

몹시 싫었습니다. 그래서 하나님께 간절히 기도했습니다. "저도 하나님을 만나서 제대로 된 신앙인이 되고 싶습니다. 새롭게 변화시켜 주십시오. 저를 좀 만나주십시오." 그 때 하나님은 즉시 응답해 주셨고 강력한 불세례를 주셨는데 저는 그때 뜨거워서 타죽는 줄 알았습니다. 성령께서는 모든 죄를 회개하게 하시고 제 심령이 깨끗하게 되었을 때 확실한 내면의 음성을 들려주셨습니다.

"성곤아, 주의 종이 되라."

목 : 그 당시 집안에는 목회자들이 여럿 계셨습니다. 사실 목회자들은 경제력이 없지 않습니까? 그래서 저는 사업에 성공해서 경제력있는 장로가 되어 목회하시는 분들을 돕는 사람이 되고 싶었습니다. 그런데 제 계획과는 상관없이 하나님은 저를 부르셨던 것입니다. 저는 하나님께 항의를 많이 했습니다. '하나님, 싫습니다. 사업이 잘 되고 있는데 왜 그러십니까? 우리 집안에 한 사람쯤은 경제력이 있는 사람이 나오면 안 되겠습니까?' 계속 항의를 했습니다. '하나님, 삼세판입니다. 정말 그러시다면 몇 번 더 확인시켜 주십시오.'

저는 그렇게 기도하고 기도원 집회에 참석했었는데 강사 목사님으로부터 놀라운 말씀을 듣게 되었습니다. 목사님은 자신이 처음 목사로 부르심을 받을 때를 간증하신 후에 제 쪽을 바라보시면서 "오늘 하나님의 부름을 받은 사람이 여기 앉아 있는데 순종해라." 하고 말씀하시는 것이 아닙니까? 정말

길이요 진리요 생명 되시는 예수님께 인생의 수고하고 무거운 짐을
다 맡기십시오. 그분이 쉼과 영원한 생명을 주십니다. 예수님을 꼭 만
나시기 바랍니다.

깜짝 놀랐습니다.

저는 그래도 한 번만 더 하나님의 응답을 확인하고 싶었습니다. 그러자 다음 날 새벽 예배설교 시간이었습니다. 강사 목사님은 또 자신의 사명에 대해서 간증하셨습니다. 그리고는 제가 앉아 있는 쪽을 바라보시면서 "저기 나와 같이 부름 받으신 분이 계십니다. 순종하십시오." 이러시는 거예요. 그래서 저는 '진짜 나를 부르시는구나. 하나님은 정말 내가 목사가 되기를 원하시는구나.' 하는 것을 깨닫고 순종하겠다고 결단하고 일주일 더 금식을 한 후에 기도원에서 내려왔습니다.

기도원에서 내려오자마자 사업을 정리하려고 했었습니다. 그런데 어찌된 영문인지 오히려 사업이 더 잘되는 게 아닙니까? 그래서 기도했습니다. "하나님, 십년 만 더 밀어주시면 사십 세에는 꼭 목회하겠습니다." 그런 식으로 하나님께 일방적인 통보를 보내고 열심히 사업을 하고 있었는데 몇 달이 지난 뒤에 제 아내가 아프기 시작한 겁니다. 고열이 차오르는데 40도, 41도였습니다. 그래서 아내는 병원에 입원을 하였고 종합병원에 가서 검진도 받았는데 병명을 모른다는 것입니다. 병원에서는 아예 퇴원조치를 하라고 했습니다. 아내의 목숨이 경각에 달려있으니까 저도 물불을 가리지 않고 살려보려고 온갖 방법을 다 찾았어요. 돈도 있으니까 여기저기 수소문해서 고쳐보려고 했었지만 아내는 낫지 않았습니다. 현대 의학으로는 안 되는 겁니다. 아내를 집으로 데려오면서 저는 하나님께 손을 들었습니다. 저 때문이라는 것을 알게 되었죠. 아내가 무슨 잘못이 있겠습니까? 제가 순종하겠습니다. 다시 금식하며 기도했습니다. 그때 제 아들은 네 살, 딸은 두 살이었습니다. 일주일동안 하나님께 매달려서 기도하면서 순종하겠다고 간절히 기도했습니다. 결국 하나님께서 제 기도에 응답하셔서 제 아내는 씻은 듯 깨끗하게 치유되었습니다.

김 : 그리고 하나님께 두 손 다 들고 바로 신학의 길로 들어섰겠어요.

목 : 네, 그렇게 해서 신학을 시작했지만 여전히 제 안에 갈등이 많았어요. 변화가 일어나지 않는 겁니다. 제 안에 열정도 식었어요. 그래서 고민을 하며 기도하기 시작했습니다. '하나님, 저를 변화시켜 주십시오. 정말 주의 종다운 사람으로 변화시켜 주십시오. 하나님이 원하시는 목회자가 되길 원합니다.' 그럴 때 하나님께서 응답을 해주셨어요. 한 대학생 선교단체로 하나님이 인도해 주셨고 약 5년 동안 선교 단체에서 양육과 훈련을 받고 리더로 섬기면서 제 안에 엄청난 변화가 일어나기 시작했습니다. 체계적인 양육과 훈련, 말씀과 성령이 역사하는 훈련을 받았던 2년이 모태 신앙 32년을 훨씬 능가하는 성장을 이루었던 것이죠. 그때 제가 깨달은 게 있었어요. '아, 영적 성장에는 지름길이 있구나.' 정말 놀라운 발견이었습니다. 못된 신앙이었던 제가 그렇게 바라던 열정적인 그리스도인으로, 그리고 능력 있는 그리스도인으로 진짜 변한 겁니다. 그러던 어느 날 하나님께서 "너는 황홀한 평신도 사역자들을 세워서 세계 비전을 이루어라"라고 말씀하셨어요. 그래서 우리 교회가 1994년에 말씀과 성령의 능력으로 제자가 되어 2천 명의 선교사와 2만 명의 셀 리더를 세워 세계 비전을 이루는 교회로 출발하게 된 것입니다. 저는 성도들에게 선포했습니다. "여러분, 저는 절대로 제 젊은 날에 방황했던 시간들을 여러분에게 재연시키지 않겠습니

다. 저는 길을 몰라서 방황했지만 영적인 성장에는 지름길이 있습니다. 양육과 훈련을 통해서 얼마든지 빠르게 성장할 수 있습니다."

방황의 끝. 행복 시작! 그렇게 우리 교회가 시작되고, 은혜를 주셔서 두 날개 양육 시스템을 만들게 하셨습니다. 이것은 평신도를 훌륭한 그리스도의 군사로, 재생산 사역자로 세우는 탁월한 양육시스템입니다.

김 : 목사님 하면 두 날개 양육 시스템을 많이 얘기하시잖아요? 그 스토리를 자세히 들려주시면 좋겠습니다.

목 : 평신도를 성장시켜서 재생산 사역자로, 그래서 모든 족속을 제자로 삼는 그리스도의 군사로 양육해내는 비전으로 성도들을 양육했죠. 그리고 저는 열매보다는 뿌리에 관심이 많았는데, 당장 눈앞에 보이는 숫자보다는 이들이 양육되어서 세계 비전의 주역으로 세워지는데 포커스를 맞추고 열정을 다 쏟았습니다. 저희 교회가 7년쯤 되었을 때, 국제적인 교회 성장 컨설팅 기관을 통해 2년에 걸쳐 세 차례 컨설팅을 받게 되었어요. 그리고 그 결과 우리 교회가 전 세계에서 가장 건강한 교회로 평가받게 되었습니다. 하나님께 모든 영광을 돌립니다.

김 : 교회 컨설팅에는 어떤 내용들이 진단이 되고, 평가가 되는지요?

목 : 질적으로 건강한 교회는 여덟 가지 질적인 특성이 있습니다. 사역자를 세우는 리더십, 영감이 넘치는 예배, 성도들이 자기 은사를 깨닫고 은사대로

사역하는 깃, 비전을 이루기 위한 기능적인 조직, 필요 중심적인 전도, 전인격적인 만남의 소그룹, 교회안의 열정적인 영성, 성도들의 사랑의 관계, 이런 여덟 가지를 다 조사해서 점수가 나오는데 하나님의 은혜로 **세계에서 가장 높은 점수**를 받게 된 거죠. 그래서 저희 교회가 건강한 교회의 모델로 알려지면서 많은 사람들이 찾아왔습니다. 그래서 2002년도 2월에 첫 번째 컨퍼런스를 하게 되었습니다. 그 후로 해마다 성령께서 컨퍼런스를 하라고 하셔서 두 날개 컨퍼런스를 하고 있는데, 놀라운 기적들이 한국과 세계 교회에 일어나기 시작했습니다. 고목나무에 새순이 돋듯 100년씩 된 교회들에서도 변화가 일어났어요. 한 달에 한 명도 등록하지 않던 교회가 한 주에 열 명씩 등록하고요. 위대한 역사들이 일어나기 시작했습니다. 개척해서 20년이 되었는데도 교인이 20~30명 밖에 되지 않던 어떤 교회의 목사님이 좌절감에 목회를 그만 두어야겠다고 생각했는데, 두 날개 양육 시스템 집중 훈련을 받고나서 한 해 만에 10배 성장하게 되었습니다. 이런 눈물겹도록 귀한 역사들이 수없이 많이 일어나고 있습니다. 그래서 저희 교회가 주최하는 두 날개 컨퍼런스에는 처음에는 200명, 다음에는 1,000명, 그 다음에는 2,000

명, 그 다음에는 4,000명, 그 다음 8,000명, 그 다음에는 14,000명, 이제는 15,000명, 40여개 나라에서 참여를 합니다. 이제는 영어, 일어, 중국어로 통역하고 있고요, 국제적인 컨퍼런스가 되었습니다.

목 : 지금은 두 날개 양육 시스템 집중 훈련을 받은 교회가 5,500여 교회가 되었어요. 국내에 4,500여 교회, 해외에 1,000여 교회가 됩니다. 아마 한국 교회의 1/10정도가 훈련을 받았다고 봅니다. 하나님이 하시는 일입니다. 세상의 유일한 소망인 교회들을 영광스런 신부로 회복시키고, 지치고 힘들어 하는 목회자를 마지막 시대 주자로 다시 회복시킨 하나님의 놀라운 증거들

은 책을 써도 수십 권이 될 겁니다.

김 : 그런데 아직도 믿지 않는 분들을 생각하면 마음이 아픕니다. 한 말씀 해주세요.

목 : 사랑하는 여러분, 길이요 진리요, 생명 되시는 예수님께 인생의 수고하고 무거운 짐을 다 맡기면 그분이 평안을 주시고, 쉼을 주시고 영원한 생명을 주십니다. 그분 밖에 없습니다. 그분을 꼭 만나시길 바랍니다.

김 : 목사님은 젊은이를 양육하는데도 큰 관심을 보이시는 걸로 알고 있는데요, 교회 비전을 나눠주세요.

목 : 저희 교회의 사명 선언문은 '말씀과 성령의 능력으로 제자가 되어 2천 2만 세계 비전을 이루는 생명의 공동체' 입니다. 우리 교회의 비전은 2천 2만 세계 비전입니다. 무슨 뜻이냐 하면, 2천 명의 선교사를 파송해서 열방을 변화시키는 것, 2만 명의 셀 리더를 세워서 도시를 변화시키고 민족을 변화시키는 것입니다. 그러니까 이 도시를 변화시키고 민족을 변화시키고, 세계를 변화시키는 교회가 되는 것, 이것이 바로 우리 교회의 비전입니다.

김 : 하나님께서 처음부터 끝까지 역사하시는 목사님의 일생을 귀하게 만날 수 있었습니다. 앞으로도 교회 이름처럼 더 풍성하게 하나님께서 인도해 주실 것을 믿습니다. 목사님, 고맙습니다.

영도중앙교회 **김운성** 목사님

현장에 맞는 옷으로 전하는 복음

부산시 영도구 남항동3가에 위치한 영도중앙교회는 1951년 성탄절에 교회 설립이 의논되었고, 이듬해 1월 2일에 첫 예배를 드린 후 지금까지 하나님의 은혜로 지내왔다. 일찍부터 부산의 관문이었던 영도의 중심으로서 부산의 "창고교회"를 지향하고 있다. 하나님의 은혜와 생명의 복을 쌓아 요셉의 창고처럼 사람들에게 베풀고 나누어 주고자 하는 영적 목표를 가지고 기도하고 있다. 1990년 봄에 부임한 김운성 목사는 꾸준히 20년 동안 한 자리를 지켜왔다. 급속히 인구가 줄고, 고령화되고 가난한 영도 지역에 예수 그리스도의 사랑을 나누는 목회를 위해 성도들과 함께 노력하고 있고, 이름 그대로 영도의 영적 중앙이 되기 위해 성도들과 함께 달려가고 있다.

현장에 맞는 옷으로 전하는 복음

제가 목회자가 되었을 때 아버지의 부탁은 오직 한 가지, 목사는 겸손해야한다는 말씀이었습니다. 이것이 항상 제 마음속에 살아있습니다.

김 : 목사님의 가정은 초대 기독교 교회사라고 할 정도로 믿음의 초대 가문이라고 들었습니다. 평양에서 아버님의 할머니께서 세례 받으셨다고요?

목 : 평양 신학교를 세우신 사무엘 마펫 선교사님으로부터 세례를 받으셨죠. 그래서 믿기 시작하셨고, 우리 집에 목사님이 종종 오시면 주무시고 가셨고 할머니가 음식을 차려드렸는데, 한국 음식을 잘 드셔서 닭을 통째로 푹 삶은 닭백숙을 제일 좋아하셨다고 그래요. 그때부터 계속 믿어서 제가 4대째 믿은 셈이고 저희 아이들은 5대째 믿는 셈입니다.

김 : 역시 평양이 한국의 예루살렘이군요. 평양에서 복음을 접하신 할머니와 자녀들의 얘기를 들려주세요.

목 : 다 잘되고 많이 번성하고, 평화롭고 그래야 할 것 같은데, 우리 민족이 공통으로 겪은 6. 25전쟁이라는 아픔의 소용돌이 한복판에 우리 가족이 있습니다. 전쟁 때문에 아버지께서는 이남에 내려오실 수밖에 없으셨고, 형님과 누님 일곱 사람이 이북에 그냥 남아있는 가슴 아픈 이산 가족이 되었습니

설교하러 강단에 올라갈 때마다 강단이 없는 목회자들을 생각하며 숙연해집니다. 생각해보면 기적 같은 은혜죠. 제 몸속에 건강이 있고 지각이 맑고 성도들이 와서 앉아계시기에 가능한 일이죠. 설교 시작하기 전까지 서있는 동안 감격을 많이 느낍니다.

다. 아버지께서 참 세상이 얼마나 힘들게 느껴졌겠습니까? 하나님을 믿는 분이 아니었다면 살 수 없었겠죠? 하지만 일곱 명의 자녀 대신 말년에 위로가 되시도록 여기 내려오셔서 저를 낳게 하셨고 지금까지 살아 왔는데, 정말 하나님의 은혜로 살았습니다마는 인간적으로 보면 아버지께서 참 고난이 많은 생애를 사셨습니다. 저는 그냥 온실 속의 화초같이 살았고 모든 상처가 저희 아버지의 생애 속에 녹아 있다고 생각합니다. 저희 아버지를 보면 현대판 욥이다, 그런 생각이 들기도 해요.

김 : 마음이 아프네요. 목사님은 어떻게 하나님을 나의 하나님으로 받아들이고 목회도 하게 되셨는지 그 사연도 알려주세요.

목 : 말하자면 교회 안에서 범생이였죠. 성경 퀴즈하면 항상 1등 하고, 개근상 받고요, 그러니까 아무 시련도 없고, 당연히 교회 가는 거고 그랬는데 중학교 3학년 됐을 때 갑자기 병이 들었습니다. 병명도 알 수 없고 서울 시내 여러 병원에 다녀도 원인도 모르는 마비 증세가 얼굴과 상체에 있었죠. 그래서 그것 때문에 4월부터 아프기 시작해 11월 말까지 아팠습니다. 학교도 못 가고 완전히 폐인처럼 지냈는데, 처음에는 병원에서 고칠 거라는 기대를 했지만 나중에는 포기하면서 절망이 올 때 붙드는 분은 주님밖에 없었습니다. 그래서 기도 받으러 다니기 시작했어요. 처음에는 사람을 의지하다가 안되니까 주님 의지하고 치유 사역하는 분들 다 만나보고 그러다가 10월이 되면서 '왜 기도를 들어주시지 않는 것일까.' 어린 나이에도 그런 생각이 들면서, 건방진 타협안을 하나님 앞에 내밀었는데 하나님, 날 고쳐주시면 정말

목사 되고 싶지 않지만 목사 되어 드리겠습니다 그랬죠. 그리고 11월이 되어서 여의도순복음교회에서 수요 예배때 환자들을 위해 기도해 준다고 그러기에 갔습니다. 일찍 가서 앞에 앉았는데 조용기 목사님이 한창 젊은 나이에 대단한 목회를 하실 때였습니다.

예배 드리면서 저는 한사람씩 안수기도 해주기를 기대했는데, 수천 명이 모였으니 불가능한 일이고, 예배가 끝나기 전에 "잠깐 환자들을 위해 기도하겠습니다" 하시면서 "아픈 사람들은 그 자리에서 일어나세요" 하셨어요. 그 날 제가 보니까 모두 일어나더군요. 저는 야속한 생각이 들더라고요. '하나님의 은혜가 지금 혼자 따먹어도 모자랄 판에 이 사람들이 다 먹으려고 달려든다.' 어린 마음에 그런 생각이 들더라고요. 그리고 목사님이 "각자 자기 아픈 데 손을 대세요" 하고 한 1-2분 간단히 기도하고 앉았는데 놀라운 말씀을 하시는 거예요.

"방금 기도하는 도중에 얼굴과 상체에 병이 있는 사람을 하나님이 깨끗이 고쳐주신다는 확신이 마음에 왔습니다. 그런 사람 있으면 손을 들고 일어나세요." 그러면서 2층부터 눈으로 찾으시는 거예요. 그런 사람이 일어나야 되는데, 아무도 없는 거예요.

근데 저희 어머니가 순간적으로 "너 일어나라"고 하셨어요. 제가 일어나니까 목사님이 이 앞에 학생이 한 명 일어났다고 하면서, 수천 명이 저를 위해서 박수를 쳐주는데 그 날 저 혼자 일어났어요. 그래서 '아, 하나님이 나를 위해서 이렇게 엄청난 엑스트라를 동원하시고 박수 부대까지 동원해서 축하해주시는구나' 하고 너무 기뻤습니다. 그리고 돌아와서 하루 자고 또 하루 자고 하니까 굳었던 몸이 풀리더니 한두 주가 지나니까 완벽하게 나은 거예요. 지금도 그날 밤에 수천 명이 모여서 예배드리던 그 광경이 눈에 선하고, 그 광경을 생각할 때마다 한편 손 마른 사람, 회당에서도 소외됐던 한 사람을 예수님이 일어서라고 하고 주인공으로 세워 주시잖아요. 그 말씀 이 생각납니다. 그리고 회복하고 한 달 공부해서 고등학교 입학 시험을 치렀습니다.

김 : 하나님이 치유해주시는 그 장면은 극적인 영화의 한 장면같네요. 목사님, 지금 목회하면서 참 행복해 하실 것 같아요.

목 : 예수를 믿는 것이 행복한 것이죠. 저는 설교하러 강단에 올라갈 때마다 강단이 없는 목회자들을 생각하며 숙연해집니다. '설교를 할 수 없는 상황이나 어려운 교회에 계신 분도 많은데 오늘도 나는 이렇게 당연한듯이 이 자리에 이렇게 올라가는구나.' 이게 사실 생각해 보면 기적과 같은 은 혜죠. 제 몸속에 건강이 있고 지각이 맑고, 성도들이 와서 앉아 계시고 이게 얼마나 큰 축복인가요. 그래서 예배가 시작될 때 설교시간이 올 때까지 서 있는 동안에 참 감격을 많이 느끼죠.

김 : 목사님의 목회 철학도 궁금합니다.

목 : 저는 부목사 생활을 조금 하고, 여러 교회 경험도 하지 못했고 다양한 목회 패러다임을 알지도 못해요. 그러다보니까 시행 착오도 많이 겪고, 그러면서 조금씩 목회 철학이 저절로 생긴거죠.

그 중에 하나는, 아버님이 말씀하셨던 '목사는 무조건 겸손해야 된다' 이 말씀입니다. 지금도 "내가 너에게 한 가지 부탁하는데, 목사는 겸손해야 한다"라고 하십니다. 이것이 제 마음에 항상 살아있고요. 또 하나는 결국 복음을 잘 전해서 많은 사람을 믿게 하는 것이 목회자의 중요한 사역인데, '그 밑바닥에는 사랑이 있어야 되겠다, 아무리 달변의 설교를 하고 재능이 뛰어나도 사랑이 없으면 소용이 없겠다' 하는 것입니다. 그 다음에는 결국 현장에서 목회를 하니까 현장에 맞는 옷을 복음에 입혀서 전해야겠다는 것입니다.

예수님의 복음은 서울이나 부산이나, 해운대나 영도나 똑같은 것이지만 그걸 받는 사람들의 상황이나 환경에 맞게 전해야 합니다. 현장 적응력이 있는 말씀이 중요하고 '교회는 다이나믹하게 사역을 끊임없이 해야 된다'는 그런 큰 줄기를 붙들고 시행 착오를 하면서 조금씩 해나가고 있습니다.

김 : 특별히 영혼에 대한 사랑이 크시기 때문에 교회에서도 목사님에 대한 사랑이 크다고 들었습니다.

목 : 한 번은 이런 일이 있었습니다. 제가 좀 과로를 했는지 복통이 일어나서 음식을 잘 못 먹고 이틀 집에 있는데 어떤 집사님이 죽을 쒀서 딸을 시켜 보낸 거예요. 딸인 집사님이 30대였고 어머님이 60대셨는데 그 어머니가 죽을 쒀서 보냈다면서 가져왔어요. 근데 그 죽을 먹을 수가 없었습니다. 왜냐하면 그 어머니는 서울에서 암수술을 받고 내려온 지 일주일 밖에 안 된 사람이예요. 중환자셨죠. 근데 암환자가 그냥 먹고 설사하고 복통 일으킨 목사가 걱

창고는 열어서 많은 사람을 먹여 살리는 생명의 창고니까 우리 교회가 그렇게 되었으면
합니다. 그래서 저희 교회 표어가 '부산의 창고 교회가 되게 해 주십시오.' 입니다.

정되서 죽을 손수 쒔다는 겁니다.

사실 복통 환자가 암환자를 걱정해야지, 암환자가 어떻게… 그 죽을 보면서 '이건 보통 죽이 아니다' 생각했죠. 제가 성도들을 사랑한다고 말할 자격도 없습니다. 자격도 없이 받는 큰 사랑이죠.

목 : 저는 그분들에게 보험을 들라고 말하고 싶어요. 그러니까 우리가 막연하게 사고가 날까 염려해서 여러 가지 보험을 들지 않습니까? 어떤 분이 전도하면서 예수 믿고 천국가시라고 하니까 천국이 어디 있냐고, 지옥이 어디 있냐고 말해 보라고 했답니다. 그래서 전도하던 목사님이 화가 잔뜩 나서 '그럼 당신 예수 믿지 말고 지옥 가시오' 하고 돌아서니까, 그 사람이 화를 내면서 '기분 나쁘게 지옥 가라고 하냐?' '아니, 방금 전에 지옥 같은 거 없다고 하지 않았느냐? 근데 왜 기분이 나쁘냐?' '그래도 기분이 나쁘다.' 그래서 목사님이 그랬대요. '정 기분 나쁘면 혹시 있을지도 모르니까 보험 드는 마음으로라도 믿어두라' 이렇게 말했대요.

제가 언젠가 그 얘기를 전도 집회때 했더니 어떤 분이 예수를 실제로 믿게 됐는데, 나중에 간증하면서 '예수를 왜 믿게 됐느냐?' 하니까 '김목사가 보험 들라고 해서 혹시 진짜 이러다 지옥이 있으면 어떡하나 그런 마음으로 믿기 시작했노라'고 간증을 하셨거든요. 사람들은 눈에 보이는 것만이 다인 줄로만 알지만 사실은 눈에 보이지 않는 것이 우리 삶에 얼마나 많습니까? 인간적인 판단에 따라 하나님이 계시니, 안 계시니 하지 말고 하나님의 존재, 또 우리 죽음 이후의 영원한 세계를 생각하면서 모든 분들이 보험 드는 심정으로라도 예수를 믿어야 합니다. 여러분들을 하나님은 축복하시고 사랑해 주실 것입니다. 인생 최고의 축복이 될 것입니다.

김 : 아멘, 꼭 예수님께 오시기 바랍니다. 교회의 비전과 목사님의 비전을 말씀해 주세요.

목 : 통계 조사에 의하면 영도가 부산 전역에서 가계 평균 소득이 제일 낮은 곳입니다. 가난하니까 이제 인구도 줄고 노인도 많고, 생활 보호 대상자들도 많고요. 근데 가난하다는 건 우리를 향한 무언의 요청이거든요. 그러니까 우리 교회가 결국은 지역에 봉사해야 하는데 그러려면 우리가 가진 것이 있어야 될텐데, 우리에게 주실 수 있는 분은 하나님이시고, 하나님은 무에서 모든 것을 창조하신 분이십니다. 그래서 내 것으로 줄 것이 없어도 하나님께 받아서 그분들에게 주자, 우리는 받아서 주는 통로다, 이렇게 생각할 때 머릿속에 떠오르는 말씀이 창세기에 나오는 요셉의 창고였습니다.

요셉이 풍년 때 곡식을 쌓았다가 흉년 때 창고 문을 열어서 굶어 죽을 위기에 처한 사람들을 건지지 않았습니까? 그래서 우리 교회 영적 비전을 창고교회로 정했습니다. 창고 그러면 호텔 건물과는 구별 되잖아요. 호텔은 화려한 대리석으로 화려하게 짓지만 창고는 초라하고 소박하고… 근데 그것이 예수님이 마굿간에서 태어나신 이미지하고도 통하거든요. 그러면서 창고는 복을 쌓는 곳이라는 이미지도 있고 창고는 알곡만 쌓는 것이니까, 또 창고는 열어서 많은 사람을 먹여 살리는 생명의 창고니까 우리 교회가 그렇게 되었으면 합니다.

그래서 저희 교회 표어가 '부산의 창고 교회가 되게 해 주십시오.'입니다. 그런데 이제 무엇으로 주냐 할 때 오병이어 기적의 현장에서 보면 제자들이 준 것이 없거든요. 다 예수님의 손에서 나오는 것을 받아서 나눠주는 심부름만 했는데, 나눠주는 심부름만 해도 제자들이 어깨춤이 절로 났을 것 같아요. 우리 것으로는 줄 수 없지만 주님이 주시는 것으로 나누면 오병이어의 역사가 일어날 줄을 믿습니다. 그런 마음으로 항상 사역합니다.

김 : 아멘, 교회의 창고 교회란 포스터가 그런 귀한 영적인 의미를 담고 있군요. 성도들에게 당부하고 싶으신 말씀 해주세요.

목 : 가루 서 말 속에 집어넣은 누룩이 얼마 안 되도 가루 전체를 부풀게 하는 것처럼, 하나님이 같이 계신 것을 믿고 각 교회들이 마음을 활짝 열고 어떤 정치적인 모임이나 그런 것들은 떠나고 정말 복음을 위해서, 누가 무슨 자리에 앉느냐 다 초월하고 어떻게 하든지 전해지는 모든 것은 주의 복음이 되기를 바랍니다.

김 : 앞으로 영도중앙교회가 지역에서 희망이 되고 복음을 나눠줄 수 있는 축복의 통로가 될 것을 믿습니다. 목사님, 감사합니다.

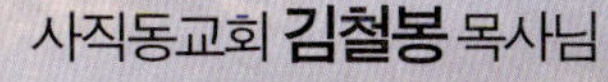

그저 감사합니다!

부산시 동래구 사직1동에 위치한 교회는 1967년도에 설립되었다. 김철봉 목사님은 1997년도에 부임하셨으며 화목하여 소망이 넘치고 칭송받는 교회라는 표어를 중심으로 각 성도를 그리스도안에서 완전한 자로 세우는 제자 훈련을 하고 있다. 또한 다양한 훈련 프로그램을 시행하여 교회의 본질적인 목적인 헌신(Devotion), 훈련(Disiple), 예배(Worship), 교제 (Fellowship), 전도 (Mission)를 잘 감당하여 주님이 맡겨주신 복음전파의 사명을 위해 많은 헌신자들이 일어나기를 소원하고 있다.

그저 감사합니다!

우리를 만드시고 이 땅에 좋은 것을 누리게 하시고 절기와 곡식으로 풍요롭게 살게 하신 것은 모두 하나님의 사랑입니다. 모두 그분의 품으로 돌아오시기 바랍니다.

김 : 목사님은 목회하신 세월이 얼마나 되시는지요?

목 : 제가 목사님을 도와 드리는 교육 전도사로서 1970년 1월부터 출발했기 때문에 교역자로서 섬긴 세월은 40년이 됩니다.

김 : 강산이 네 번이나 변했네요. 그동안의 하나님께 받은 축복과 감사는 끝이 없을 것 같은데 어떠세요?

목 : 그렇습니다. 항상 하나님의 너무 과분한 사랑과 은혜를 받고 있습니다. 기도할 때마다, '내게 주신 모든 은혜를 무엇으로 보답할까' 합니다. 저는 고향이 김해인데 전형적인 김해 김가의 집성촌 종가집에서 자라났기 때문에 교회와는 너무나 멀었습니다. 그럼에도 불구하고 하나님이 저를 사랑해주셔서 목회자로 지금까지 사용하시는데, 돌아보면 때로는 목회 현장이 어려울때도 있었고 힘든 교회도 있었습니다. 하지만 하나님께서는 저를 불쌍히 여겨 주셔서 좋은 교회에서 목회하고 훈련하고 오늘까지 지내왔어요. '그저 감사합니다'라는 말밖에 할 것이 없네요. 저희 자녀들에게도 범사

에 감사하라는 말씀을 늘 강조하면서 목회하고 있습니다.

김 : 종가집에서 태어났다고 하셨는데요, 종가집에서 예수님을 믿기까지 쉽지 않으셨을 것 같아요. 하나님을 어떻게 알게 되셨는지요?

목 : 초등학교 6학년때 마을에 조그만한 예배당이 섰는데 정식 예배당이 아니고 그때는 기도소라고 했습니다. 목회자가 상주하지 못해서 3-4킬로 떨어져 있는 목회자가 있는 교회에 가서 예배를 드리고 주일 밤하고 수요일 밤에는 우리 마을에서 모였습니다. 성탄절이 되면 미국 선교사님들이 짚차를 타고 미국에서 만든 예쁜 크리스마스 카드를 가지고 옵니다. 물론 그 카드는 미국에서 한번 사용한 것인데 50년대말 60년대 초의 우리들에게는 생전 처음 보는 깨끗하고 두꺼운 종이에다가 미국의 아름다운 자연의 모습들이 찍혀있어서 우리들에게는 최고로 호화롭고 사치스러운 선물이었어요.

김: 너무 신기하셨겠네요?

목 : 그렇죠. 그림이 너무 좋아서 벽에다가 붙여도 놓고 그러면서 예배당을 기웃거리기 시작했고, 본격적으로 중학교 입학할 때 미선 스쿨, 즉 기독교 학교에 들어갔어요. 거기서 일주일에 한 번씩 성경 공부를 하면서 전체 예배를 드렸고 아주 자연스럽게 복음을 받아들이게 되었습니다.

사직동교회

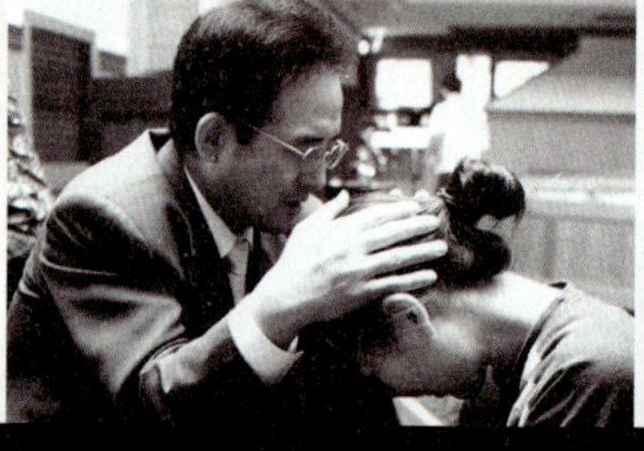

김해의 종갓집에서 자라나 교회와 멀었지만 하나님이 저를 사랑해주시
고 불러 주셨습니다. 그저 모든 것이 감사합니다.

김 : 비가 스며들듯이 자연스럽게 하나님의 사랑이 목사님의 인생에 스며들기 시작했군요. 종가집인데 부모님들이 반대를 안하셨는지요?

목 : 부모님의 반대는 엄청났었지요. 항상 책읽기를 좋아하고 공부하기를 좋아해서 부모님들께서는 제게 기대가 많으셨죠. 예를 들면 부모님들은 노골적으로 의사로 키울려고 특별히 제게 관심을 기울이셨는데, 제가 교회에 너무 열심이고 기독교에 자꾸 빠져 들어가니까 중학교 들어갈 때 부모님께서는 큰일나겠다 싶으셔서 반대를 심하게 하셨어요. 종가집이다보니까 압박은 이루 말할 수 없었어요. 그런데 이상하게도 저는 그것이 두렵거나 부담스럽지 않고 부모님은 모르셔서 저러기 때문에 내가 **기도하면 능히 극복**할 수 있을 거라는 담대한 믿음이 있었어요. 그래서 단 한번도 낙심하거나 뒤로 물러서지 않고 끝까지 하나님이 도와주시는 가운데 이겨냈지요.

김 : 그때부터 하나님의 특별하신 사랑이 이어지지 않았나 하는 생각이 듭니다. 가족의 반대를 극복하시면서 목회자가 되어야겠다는 생각을 하셨어요?

목 : 물론 처음에는 그것을 몰랐었습니다. 말씀드린대로 부모님이 일찍부터 제가 의사되기를 바라셔서 열심히 공부를 했습니다. 그러다가 슈바이처 박사의 전기를 읽고 기독 학생 단체에 가입하면서 어느 직종이나 하나님을 위한 직종이지만 저는 목회자가 되어서 복음을 전하는 것이 좋겠다고 중학교 졸업할 때쯤에 결심을 했습니다. 그 후 변함없이 비전과 각오를 지켜왔지요.

김 : 하나님이 부르시는 계기가 있잖아요. 확실한 동기가 있었나요?

목 : 미션 스쿨 다닐 때 어느 날 추수감사 주일에 군에 계시는 목사님을 학교에서 초빙했어요. 김해 공병 학교의 군목이셨는데, 그 목사님이 그날 전해주신 메시지를 통해서 앞으로 목회자의 삶을 살아야겠다고 결심했습니다. 그 목사님의 말씀을 통해서 군대를 들어가서도 군목이 되어서 복음을 전파해야되겠다고 결심을 굳혔지요.

김 : 교회를 다닐 때도 부모님들이 반대를 하셨는데, 목회자가 된다고 하면 더 반대하시지 않았을까요?

목 : 제가 부산 의과 대학에 시험까지 쳐놓았어요. 그런데 결과도 보지 않고 바로 고신대학 신학과 시험에 응시를 했어요. 그러자 부모님은 아주 실망하셔서 학비도 거의 안 도와주셨어요. 그 중간에서 어머니는 아버지의 노여움과 아들의 불쌍한 모습 사이에서 고생을 많이 하셨지요. 그래서 어머니께서 저를 조금 배려해주시고 외로운 신학 여정을 시작했었지요.

김 : 그때가 목사님께 가장 힘든 시기였던 것 같은데요. 인생에서 삶의 어려운 고비들을 돌아본다면 어떠세요?

목 : 하나님의 은혜를 과분하게 받았기 때문에 어릴 때나 신학 공부를 할 때나 목회자 생활을 할 때 힘들다고 느낀 적은 조금 있었지만 절망에 이를 정

도로 어렵다는 생각을 해본 적은 없었어요. 부모님들의 식민지 시대나 6. 25 전쟁 이야기를 듣고, 신앙 선배님들이 일제 치하에서 신사참배 반대운동을 하다 고초를 겪은 이야기를 듣고 히브리서 11장에 나오는 믿음의 선배들이 겪었던 고난을 묵상하면서 우리들이 겪는 고난들이 **감히 어렵다고 생각하지 않기로 결단**하고 그런 정신으로 살아왔습니다.

김 : 아멘. 목회를 하시면서 특별히 잊지 못하는 성도들이 얼마나 많으셨을까요?

목 : 이런 기회에 불신 가정에서 교회를 다닐때 저를 예뻐하시고 목회 초년에 격려해 주시고 도와 주신 분들에게 감사 인사를 하고 싶네요. 제가 신학생 초기때 손종기 장로님이 계셨는데 잊을 수 없지요. 저를 너무 아껴주시고 그리스도안에서 따뜻한 사랑을 느끼게 해주셨습니다. 신학 초년생 시절에는 거제도 송진교회라고 아주 시골의 아름다운 교회에 담임 교역자로서 부임했습니다. 거기에 홍원백 장로님이 계셨는데 고향을 지키기 위해서 부산에서 공부를 마치고 시골로 들어가셔서 평생을 교회에 계시면서 마을을 돌보는 분이신데 참으로 순박한 분입니다. 힘든 농사일도 하시면서 독서도 많이 하시고 형님같이 따뜻하게 돌봐 주셨는데 그분도 잊을 수가 없습니다. 목사가 된 후에 첫 목회는 마산제일교회였는데 정외석 장로님이 계셨어요. 연세가 많이 있으셨는데 33살의 젊은 저를 담임목사로 깍듯이 대해 주시고 아버지처럼 돌봐주시고 자신감을 가지고 즐거운 마음으로 목회를 할 수 있도록 도와주신 분이십니다. 제가 서울 시민교회 목회를 할 때에 김형웅 장로님

은 삶의 여유가 있는 분임에도 오직 교회를 위해서 자신의 즐거움이나 여유를 기꺼이 포기하시고 헌신하신 분이십니다. 목회 여정속에서 이 네 분의 장로님을 잊을 수가 없고 지금 섬기는 사직동교회 모든 장로님들과 성도님들과 함께 모두 목회자보다도 더 훌륭한 분들이라고 생각하고 있습니다.

김 : 보석같은 평신도분들이 많습니다. 목사님, 좋아하시는 말씀도 함께 나누고 싶습니다.

목 : 여호수아 24장 15절, '오늘날 너희들은 섬길 자를 택하라. 오직 나와 내 집은 여호와를 섬기겠노라.' 이 말씀을 붙들고 목회하고 있습니다.

김: 목사님의 귀한 목회 철학도 말씀해주시겠습니까?

목 : 예수님이 우리에게 보여주신 것은 크게 세 가지거든요. 말씀을 **전파**하시고 말씀을 **가르치**시고 병든자들을 **치료**해주시는 전도와 교육과 봉사인데, 이것을 잘 배워서 교인 한사람 한사람을 예수님의 자랑스러운 제자로 세워 드리는 것, 이것이 골로새서 1장 28절에 있습니다. '각 사람을 그리스도 안에서 완전한 자로 세우려 함이니라.' 이것 하라고 교회를 세우셨고 부족한 우리를 목회자로 부르셨습니다. 저는 창세기 14장 14절에서 아브라함이 가정에서 기르고 훈련시킨 318명의 용사들 그리고 기드온의 300용사, 이런 모습들이 우리 목회자가 교인들을 훈련시키는 데 있어서 바람직한 모델이라고 생각하고 목회 철학의 비중을 제자 훈련과 제자 양성에 두고 있습니다.

통일이 되면 북한 남포시의 청산포 교회와 평안북도 영변의 성내교회를 재건하려고 기도중입니다. 사직동 교회가 북한 선교의 최전선에서 섬기려는 꿈을 가지고 있습니다.

김 : 아직 주님을 믿지 않는 영혼들을 보면 가슴이 아프실 텐데요. 해주고 싶은 말씀이 있으시다면요?

목 : 시편 49편 20절에 보면 '존귀에 처하나 깨닫지 못하는 자는 멸망하는 짐승 같더라'는 말씀이 있는데요, 얼핏 들으면 믿지 않는 분들이 자존심이 상할 수도 있습니다. 하지만 사실입니다. 우리 인간이 창조주 하나님을 위해 창조되어서 이 땅에 모든 좋은 것을 누리고, 마태복음 5장에 보면 하나님이 절기와 곡식을 주셔서 풍요롭게 살게 하신 것도 **그분의 사랑**이지요. 이 것을 깨닫지 못하고 미신을 섬기고 하는 것은 정말로 잘못된 일입니다. **빨리 하나님께로** 돌아와야 합니다. 우리 애국가 가사처럼 하나님이 보우하사 우리 나라 만세거든요. 하나님이 보우하시기 때문에 우리가 이렇게 살고 있습니다. 모든 분들이 하루 빨리 하나님의 품으로 돌아오시기를 부탁드립니다.

김 : 목사님과 함께 말씀을 나누는 중에 궁금한 것이 하나 생겼어요. 부모님이 종가집이셔서 목회를 하시는 것을 반대하셨다고 했는데 어떻게 하나님의 품으로 돌아오셨는지 살짝 궁금해집니다.

목 : 아버지께서는 당시 연세가 많으셨고 생을 마감하시기 직전에 저의 전도를 받고 하나님을 믿고 세상을 떠나셨어요. 저의 어머니께서는 그 이후에 복음을 받으시고 저보다 더 신앙생활을 잘하셨어요. 올해 저희 어머니 연세가 93세신데도 교회 권사님으로서 아주 건강하신 모습으로 저를 위해 기도하

시고 한국 교회를 위해 기도하시고 행복하게 살고 계십니다.

김 : 93세신데도 나라와 교회를 위해 기도하시고 권사님으로서 목사님의 뒤에서 든든한 버팀목이 되어 주시는군요. 이렇게 예수 믿고 모두 복받는 인생이 되었으면 좋겠습니다. 목사님, 비전을 나누면서 마무리하겠습니다.

목 : 특별히 120년이 넘는 역사를 가진 한국 교회인데, 이제는 **건강한 교회**를 만들어야겠다고 생각하고 있습니다. 건강한 교회는 5가지 목적, 예배, 교제, 훈련, 섬김 그리고 전도 또는 봉사, 선교의 목적을 가집니다. 이 건강한 목적 위에 세워진 교회를 섬기는 것이 목회 비전이고 우리 교회 비전입니다. 저희 교회는 55명의 해외 선교사님들이 계시는데 이 선교사님들과 합력해서 주님이 당부하신 세계 선교를 이루도록 노력하고 있고요, 최근에는 북한 교회에 관심을 많이 가지고 있습니다. 그래서 평양옆 남포직할시에 있는 청산포 교회와 평안북도 영변의 성내교회, 이 두 교회를 저희 사직동교회가 통일 후에 재건하려고 준비하고 있습니다. 이 두 교회의 재건을 통해서 저희 교회가 북한 선교의 최전선에서 섬기겠다는 꿈을 간직하고 있습니다.

김 : 앞으로도 목사님의 교회와 인생에 하나님의 은혜가 풍성하기를 기도드리겠습니다. 목사님 고맙습니다.

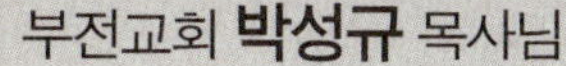

하나님 따라가는 복된 인생

부산시 진구 부전1동에 위치한 부전교회는 1932년 3월 5일 설립되어 78년 동안 지역과 부산을 섬겨온 교회로써 예수님의 제자가 되어 부산과 민족과 세계에 축복의 통로가 되는 공동체를 지향한다. 2006년에 부임한 박성규 목사님은 부산의 성시화, 전통과 현대의 조화, 교회와 가정의 건강을 중요시하고, 평신도를 사역자로 세우는 목표를 추구하고 있다. 또한, 박 목사님은 부전교회만을 위한 목회가 아니라, 부산의 모든 교회가 함께 부흥하는 목회를 추구하고 있다. 이른바 "부전교회만의 성을 쌓는 것이 아니라, 하나님 나라를 세워가는 목회자"(not castle builder but Kingdom builder)가 되기를 소원하고 있다.

하나님 따라가는 복된 인생

우리는 약하지만 하나님이 함께하시면 위대한 하나님의 일꾼으로 쓰임 받을 수 있습니다.

김 : 하나님의 자녀는 어떻게 되셨는지 먼저 그 스토리가 궁금한데요.

목 : 저희 집은 불교 집안이었구요. 어머니께서 딸을 내리 낳으니까 할아버지께서 또 딸을 낳으면 쫓아낸다고 하셔서 어머니께서 불공을 드렸데요. 그리고 제가 3대 독자로 태어났는데, 아버님과 할아버님이 제약 회사를 하시다가 부도가 났고 이 충격으로 아버님이 뇌졸중에 걸리고 집안이 어려워지니까 외할머님의 권유로 집안 식구들이 교회를 찾게 됐습니다. 그리고 저는 누님들이 교회가면 빵 준다고 해서 크리스마스 날 빵을 먹으러 갔다가 교회를 다니게 된 거죠. 지금 생각해 보면 육신의 빵을 얻어 먹으러 갔다가 영혼의 빵, 영생의 빵이신 예수님을 영접하게 된 거죠.

김 : 어린 시절에 가정적으로 어려운 일이 겹쳤을 때 많은 어려움을 느꼈을 텐데 어떠셨습니까

목 : 초등학교 들어갈 때, 집안이 매우 어려웠고요. 초등학교 4학년 올라가던 겨울 방학 때 아버님이 돌아가셨어요. 제 인생에 대단한 충격이었죠. 실제로

만 100만 성도의 꿈 을 안고 드리
비전 출발 헌신

교회설립 77주년 기념사역
진구 관내 자원봉사자 초청 환영잔치
환영합니다
일시: 2009년 5월 30일(토) 오후 5:00 ~7:00
장소: 부전교회 교육관 2층
부전교회

제 생애에도 좌절이 있었지만 하나님께서는
낙심을 제 인생에 새로운 장을 여는 과정으로 아름답게 사용하셨습니다.

군목으로 있으면서 국가의 장학금으로 연세대에서 THM을 공부할 때 과제물 중 하나가 자신의 생애를 자서전처럼 쓰는 거였는데 아버님 돌아가신 부분에서 글을 쓰다가 펑펑 울었어요. 도서관이었는데 옆에 여학생들도 있는데도, 눈물이 얼마나 나오는지요. 손수건이 다 젖고 헉헉 소리를 내면서 울어서 얼마나 부끄러웠는지 몰라요. 지금 생각해 보니까 어린 시절 아버님을 잃은 상실감이 무척 컸던 것 같아요. 3대 독자로 태어나 아버지의 사랑을 많이 받던 제가 아버지께서 돌아가셨을 때, 그 충격으로 교회도 멀리했죠. 그런데 주일학교 선생님과 친구가 눈이 오나 비가 오나 찾아와 주었어요, 그래서 다시 교회에 발을 딛게 되었는데요. 5학년때부터는 하나님의 말씀이 들리더라구요. 그때는 주일학교도 수요 예배가 있었는데요, 전도사님께서 창세기를 재밌는 구연 동화로 말씀해 주셨어요. 요셉 얘기가 제 얘기 같더라구요. 형들에게 팔려서 어려움 가운데서도 하나님이 함께 하셔서 고난을 이기고, 쓰임 받는 멋진 드라마 같은 요셉의 생애가 마음속에 다가 오면서, 우리 집은 몰락한 집안이고 아버지도 돌아가시고 기댈 수 있는 언덕이 아무것도 없지만, 요셉처럼 하나님을 따라 가면 내 인생도 복되게 쓰임 받을 수 있겠구나, 하고 말씀이 마음에 들어오면서 은혜를 체험했죠.

김 : 어렸을때 육신의 아버지가 떠나는 큰 아픔을 겪었지만 하나님께서 목사님의 아버지가 되어 주셨네요. 그 어린시절을 지나서 하나님을 진정으로 만난 계기는요?

목 : 하나님의 자녀가 되었다는 확신은 내수동 대학부에서 했어요. 친한 친

구인 김홍진 형제가 인하대를 다니면서 총신대를 진학한 저를 좋은 교회로 인도했어요. 가봤더니 오정현 목사님이 간사로 대학부를 지도하고 계셨고, 오정호 목사님이 대학부 리더로 계셨고, 박희천 목사님이 담임 목사님으로 계셨는데, 예배당에 들어서는 순간 찬양이 얼마나 뜨겁던지요. 그때 한양대 기계과를 다니던 오승종이라는 고인이 되신 형님이 네비게이토에서 하는 브릿지라는 전도 방법을 가지고 복음을 전하시는 거에요. "성규 형제는 지금 죽으면 천국 갈 수 있습니까?" 그런데, 제가 신학생인데도, "예"라고 대답을 금방 못하겠어요. 분명히 예수님 믿는데 "예"라고 대답하기에는 망설여졌어요, 그때 그 분의 말씀을 들으면서 배운 게 있었어요. '성경에 근거한 구원이 이거고, 믿으면 구원은 확실한 거구나' 그것을 깨닫고 믿게 되었어요, 구원의 확신이 얼마나 중요하냐면요, 그 확신을 받고 나니까 이제 죽어도 천국 갈수 있다는 게 너무 기뻤구요. 두번째는 주님을 위해서 정말 몸 바치고 싶다는 열정이 생기더라고요. 그때 분명히 구원의 확신을 갖게 되었지요. 그때 내수동교회 대학부는 전국에서 가장 부흥하는 대학부였는데, 슬로건 중에 그게 있었어요. "오직 한번 뿐인 인생 속히 지나 가리라. 오직 그리스도를 위한 일만이 영원하리라." 이 슬로건을 외치면서 저희들의 젊음을 주님께 바치던 기억이 새롭습니다.

김 : 슬로건만 들어도 가슴이 뜨거워지네요. 목사님은 지금 많은 분들을 깨우시는 아름다운 역할을 감당하시는데요. 목회자가 되시기까지 얘기도 들려주시면 좋겠습니다.

목 : 제가 목사가 되겠다고 생각 한 것은 고 2 겨울방학 때였습니다. 제가 섬기던 교회에서 대전 통신 학교 군목이신 목사님이 오셔서 군선교 보고를 하시는데 제 마음을 하나님께서 사로잡아 주셨어요. 군 선교가 힘들다 보니까 길게 복무하는 분이 적어서 황금 어장인데 어부인 군목들이 제대해서 없고, 오랫동안 일할 사람이 필요하다고요. 군복음화는 민족 복음화의 첩경이라는 말씀을 하실 때 제 마음속에 '주님 제가 하면 안 될까요?' 하는 소원을 주셨어요. 그런데 예배를 마치고 개인적인 착각인가 하나님의 부르심인가 분간이 안돼서 기도하는데 계속해서 마태복음 10장을 통해 민족 복음화에 대한 열정을 주셨습니다. 또 하나는 평소 존경하던 부목사님께서 과정을 말씀 드리지도 않았는데 '성규가 목회를 하면 좋겠다.' 하고 사람을 통한 확신까지 주셔서 하나님의 부름으로 확인하고 신학대학에 진학을 하게 되었죠. 그리고 총신대에 가서 면접하는데 "어떤 소명이 있어서 왔나?" 그러더라구요. "군선교 때문에 왔습니다." 그랬더니 교수님들이 놀래더라구요. 22년 동안 신학교 면접을 봤지만 군선교 하겠다고 온 사람은 저밖에 없다고 말씀하셨습니다.

김 : 본격적으로 군 선교에 뛰어 들어서 장병들과 함께 하면서 많은 감동을 받으셨을 것 같은데요. 어떠십니까?

목 : 구원을 확신하게 됐던 브릿지라는 예화를 병사들에게 많이 전했어요. 14년 군목하면서 3천명의 병사들에게 세례를 줬습니다. 또 군대를 사랑했기 때문에 병사들과 훈련 받는 것을 좋아했습니다. 특수부대 있을 때는 병사들

축
타
이 세상
그리
Glory
rth peace to

번교회를   오
아 가   니다 !!

과 공수 훈련도 같이 받고 낙하산도 1번으로 뛰어내렸죠, 저는 군목을 선교사라고 생각했는데, 허드슨 테일러를 보면서 감동받았어요. 중국 사람들을 너무 사랑했기 때문에 젓가락을 쓰고 중국인의 옷을 입고 변발을 하고 머리 색깔이 다르니까 암모니아를 부어서 머리 색깔을 새까맣게 하려다가 얼굴에 화상도 입었다고 합니다. 저는 이것을 적용해서 군목으로 있는 동안 군복입길 좋아했고, 새벽 기도 마치고 늘 상황 회의 들어가고, 좋은 목사인 동시에 좋은 참모 장교가 되려고 노력했습니다. 군목으로 있으면서 사회 속에 침투해 들어가는 목회자, 그리고 복음을 타협하지 않으면서 존경 받을수있는 목회자가 되려고 고민하고 노력했던 기억이 납니다.

김 : 군목으로 이렇게 헌신 하셨는데 인간의 눈으로 보면 조금 낙심스럽지만 하나님의 눈으로 보면 더 멋진 세계에 하나님께서 인도해 주시잖아요. 그런 간증도 들려 주셨으면 좋겠어요.

목 : 제 생애에도 좌절이 있었습니다. 군목으로 처음 했던 사역들은 잘 진행이 되었습니다. 임관할 때도 우등상을 받고, 대위도 특차로 되었고, 대위로 올라가서 받는 교육은 1등을 하고 여러 기수를 거쳐서 육군에서 1명 뽑아서 연세대나 서울대등에 2년 동안 석사과정 장학금을 주는 과정이 있는데 합격해서 2년 동안 석사 과정도 연대에서 마쳤습니다. 경력을 보면 나름대로로 갖추어진 것 같았는데, 대위에서 소령 올라갈 때 떨어지는거예요. 그래서 그럴 수 있지. 동료들이 전방에서 고생 할 때 공부만 했으니까 양보할 수 있다는 생각을 했는데 두 번째 또 떨어진 거예요. 그때는 '이렇게 되면 앞으로 군 선

교 평생하기 힘들텐데, 중령 진급도 힘들고 대령 진급은 더 힘들 텐데' 하고 낙심이 됐어요. 근데 하나님께서는 이 낙심을 제 인생에 새로운 장을 여는 과정으로 쓰시더라고요. 그때 오정현 목사님께서 전화를 주셨어요. "박목사, 진급이 안됐다는데 나와 함께 미국에서 목회하자." 그래서 미국에 갈 수 있는 길이 열렸고 후에 진급은 했지만 예편을 하고 미국으로 가게 됐지요. 그리고 오늘 결과로 부전교회라는 좋은 교회 와서 목회할 수 있도록 물론 군목 사역도 보람되었겠지만 더 많은 영향력을 끼칠 수 있는 사역으로 하나님께서 길을 열어 주셨다고 생각합니다.

김 : 아멘, 어웨이크닝 집회에서도 젊은이들과 함께 부산과 한국, 세계를 위해서 기도 하셨는데, 젊은이들에게 특별히 주시고 싶은 말씀을 해주세요.

목 : 나이가 들어서 예수님 믿으면 구원은 받지만 열정으로 생애를 드리며 따른다는 것이 쉽지 않습니다. 그런 면에서 젊었을 때 예수님을 믿는다는 것은 놀라운 특권이고 하나님의 복이라고 생각합니다. 때로는 지방에 있다는 것 때문에 위축 될 수가 있는데 절대 그러지 않았으면 좋겠어요. 어거스틴도 당시에 대 도시였던 로마나 콘스탄티노플에 있지 않았고 변방에 있었지만 세계를 변화시키는 중심 인물이 되었던 것처럼 앞으로 10년, 20년안에 벡스코에서 밤을 새워 기도했고 해운대 집회에서 눈물 뿌려 기도했던 젊은이들이, 부흥의 은혜를 맛본 이 젊은이들이 세계 영적 부흥의 중심이 될 줄로 믿습니다. 어떤 분들은 목회자로, 어떤 분들은 정치가로, 어떤 분은 사업가로 각계 각층에서 앞으로의 시대를 열어갈 인물들이 바로 여러분이라고 믿습

니다. 우리는 약하지만 하나님이 함께 하시면 위대한 하나님의 일꾼으로 쓰임 받게 될 줄로 믿고요, 이 기대감을 가지고 최선을 다해서 달려가면 하나님께서 반드시 귀하게 쓰실 것입니다.

김 : 아멘, 백사장에서 뜨겁게 기도했던 청년들의 미래를 하나님께서 책임져주십니다. 목사님, 아직 하나님을 모르는 분들에게 하나님 꼭 믿으셔야 된다고 권면의 말씀 해 주시면 좋겠습니다.

목 : 하나님을 믿으면 여러분의 생애를 이끌어 가시는 정말 좋은 영적인 아버지를 만나는 거예요. 꼭 놓치지 마시고 가까운 교회를 찾아가셔서 신앙 생활 하셨으면 좋겠습니다. 사람은 세 번의 생애를 산다고 합니다. 첫 번째는 엄마 뱃속의 생애, 두 번째는 지상 생애, 세 번째로는 영원한 생애라고 합니다. 첫 번째와 두 번째는 다 준비하는 생애입니다. 엄마 뱃속에서 잘 준비되면 더 찬란한 지상 생애가 기다리고 있는 것처럼, 두번째 생애도 잘 준비되면, 그 준비가 뭐냐면 예수님 믿는 거예요. 잘 준비되면 이 세상 떠난 다음에 더 찬란한 천국에서 영원히 삽니다. 그렇지 않으면 어두운 지옥에 떨어지게 됩니다. 저는 모든 분들이 다가 올 세번째 생애를 준비하는, 복된 분들이 되시기를 주님의 이름으로 축복합니다.

김 : 정말 세 번째 생애를 놓치시면 큰일납니다. 목사님께서 강조하시는 하나님 안에서 위대한 인생의 법칙을 나누면서 마무리 했으면 좋겠습니다.

목 : 가장 중요한 것은 인생은 하나님이 복 주셔야 승리할 수 있다는 거죠. 늘 엎드려 기도하는 삶을 살면 하나님이 풍성하게 복 주시는 인생이 될 수 있습니다. 또 하나는 만남의 복인 것 같아요. 저는 아버지께서 일찍 돌아가시고, 기댈 분이 없었지만 하나님을 의지하고 나갔더니 만남의 복을 주셨는데, 제 생에 잊을 수 없는 박희천 목사님, 오정현 목사님, 오정호 목사님 송태근 목사님 같은, 지금은 한국 교회 지도자가 된 그분들이 제가 오늘에 있기까지 하나님이 저를 인도하시는 도구였다고 생각합니다. 여러분과 자녀를 위해서 만남의 복을 놓고 기도하시기 바랍니다. 그리고 지도자들에게 권면하고 싶은데요. 사람을 키우는 리더가 되었으면 좋겠습니다. 한 명의 부목사님은 미래 한국 교회의 담임목사님입니다. 부목사님을 잘 키우면 좋겠는데요. 2008년 3월 휴스턴에 갔다가 공항에서 하버드 비즈니스 리뷰를 봤는데 이런 내용이 나옵니다. "미국 역사상 조지 워싱턴 이래 최고의 내각을 가졌던 대통령은 해리 트루먼이었다. 트루먼은 탁월하지 못했지만 그는 자기 주변에 자기보다 탁월한 사람을 두는 것을 두려워하지 않았기 때문에 최고의 내각을 가지고 탁월한 행정부를 이끌 수 있었다." 저는 이 시대에 담임목사님들이 부목사님을 더 많이 계발시켜 주고 나보다 더 탁월한 부교역자들을 세워, 한국 교회 리더들을 키워가는 또 하나의 신학교가 되기를 기도합니다.

김 : 앞으로 사람을 키우는 비전의 리더로 또 하나님의 사랑을 전하는 열정의 리더로 아름답게 쓰임 받으시기를 기도합니다. 목사님 감사합니다.

부산시 강서구 송정동에 위치한 세계로교회는 손현보 목사님의 부임과 함께 10년만에 100배 부흥의 놀라운 기적을 이루었다. 해마다 1000명에게 무료개안 수술을 시행하고, 매년 589명(2009년 통계)에게 세례를 베풀고 있으며 섬기는 교회, 전도하는 교회로 한걸음 한걸음 믿음의 행보를 계속할 것이다.

작은 불빛들이 모여 큰 빛을 이루듯 세계로 교회의 섬김 사역과 전도 사역을 통해 부산과 경남 땅에 30%이상의 영혼들이 하나님께로 돌아올 것을 믿으며 온 성도가 한 마음으로 주님을 섬기고 있다.

어떻게 하면 더 많은 사람을 섬길까?

연약한 마음으로 사람을 의지했을 때 하나님께서는 돌들로도 아브라함의 자손을 만들 수 있다는 음성을 들려주셨습니다. 이제는 무조건 하나님만 바라보고 나아갑니다.

김 : 어떻게 하나님의 자녀가 되셨는지 들려주세요. 재밌는 사연이 숨어 있다고 들었습니다.

목 : 중학교 2학년 때 친구 따라 교회에 처음 갔습니다. 김해 생림에 있는 생칠교회였는데 학생 회원이 다섯 명밖에 안되는 작은 교회라 삼 개월안에 회계를 맡게 되었습니다. 그런데 제가 학교에 가서 그 돈을 짤짤이로 다 잃어버렸어요. 그리고 그 다음주부터는 부끄러워서 교회에 가지 못했습니다. 그러다가 중 3때 산에 산초를 따러 갔다가 바위에 깔렸습니다. 누가 보더라도 죽을 상황이었고 같이 올라 갔던 친구들도 바위에 완전히 깔려서 제가 죽었다고 생각했습니다. 이상하게도 작년에 교회 몇 개월 다닐 때는 전혀 귀에 들어오지 않았던, 예수님이 생각났습니다. 예수를 믿지 않으면 지옥에 갈거라는 생각이 떠올라서 그 자리에서 친구들 앞에서 예수를 믿는다고 고백을 했습니다. 그리고 친구들에게 업혀서 산을 내려 왔고 어쨌든 기적적으로 살았습니다. 저는 그 주부터 교회를 다녔고, 은혜를 받아 목사가 되리라 결심하며 지금까지 목회하고 있습니다.

김 : 그때 바위에 깔렸으면 정말 크게 다치셨을텐데, 하나님께서 목숨을 구해 주시고 영혼도 구해 주셨네요.

목 : 그렇죠. 아주 큰 은혜를 받았습니다. 고등학교 들어가는 첫 날부터 하나님께 작정을 했습니다. 제가 먼저 예수 믿고 나니까, 이 좋은 예수님을 안 믿는 어머니, 형님, 누님을 믿게 해야 되겠다고요. 그래서 하나님, 제가 고등학교 졸업할 때까지 새벽에 나가서 두 시간 동안 기도할테니 우리 가정을 구원해 주세요'라고 기도했죠. 그때는 너무 절박했기 때문에 새벽 기도를 매일 나갔습니다. 그 새벽에 하나님께서 많은 은혜를 주시고, 살아계심을 보여주셨습니다.

김 : 가족들을 어떻게 인도해 주셨는지요?

목 : 아버지께서 제가 네 살때 돌아가셔서, 어머니께서 과부로 저희들을 양
육하시면서 굉장히 고생을 많이 하셨습니다. 어머니 생각만 하면 눈물이 나
는데, 그런 어머니께서 이 땅에서 고생하시다가 지옥에 가시느니, 차라리 내
가 지옥에 가는 게 낫겠다는 생각이 들어 새벽 기도를 작정했죠. 그러면 어
머니는 성경을 찢어서 불에 태워버리기를 수없이 하시고 형님도 술을 먹고
오면 낫으로 저를 죽이겠다고 하는 핍박이 있었지만, 어머니와 형제를 위해
서 계속 기도했습니다. 그런데 하루는 교회 갔다 오니까 주일에 교회
갔다고 어머니가 막 하나님을 욕을 하고 전도사님 욕을 하고 온 천지 욕을
하시는 겁니다. "엄마는 한 번도 교회 가보지도 않고 하나님 욕을 하느냐고
한번이라도 가보자"고 하면서, 어머니를 업었습니다. 업고는 마을 위쪽에 있
는 교회로 뛰어 올라 가는데, 어머니는 안가시겠다고 내려 놓으라고 하시면
서 제 귀도 잡아당기고 머리를 잡아당기고 온 얼굴에 상처를 냈죠. 그래도
끝까지 올라가서 교회에 앉혀 놓았어요. 그랬더니 그날부터는 "앞으로 교회

사람이 인생을 살면서 하나님을 위해 헌신하는 것이 이 땅을 떠날 때 가장 보람된 일입니다. 최선을 다해서 복음을 땅끝까지 증거하시기 바랍니다.

136

가는 거는 말리지 않을 테니까 다시는 나 업고는 가지마라” 하시고 그때부터 제가 교회 가는 것은 허락하셨어요. 그래도 당신께서는 안 믿으셔서, 제가 고 3때에 작정을 하고 무기한 금식에 들어갔죠.

“오늘부터 어머니가 예수를 안 믿으면, 나 굶어 죽을거다.”

이렇게 선포했어요. 그때는 정말 죽을라고 생각했거든요. ‘어머니를 위해서 기도하다 죽으면 하나님께서 한번 더 생각해보시겠지’ 라는 마음을 가지고 금식했는데, 학교를 다니면서 하다보니 정말 어려웠습니다. 하루 굶고 이틀 굶으니까 어머니가 “앞으로 내가 교회 나갈거니까 먹어라” 하고 어느 주일 날 새벽에 새벽 기도를 다녀오셨어요. 가서는 하나님을 믿는다고 전도사님께 이야기하고, 새벽 기도를 마치고 전도사님 오토바이를 타고 오셨더라고요. 그래서 그날부터 제가 금식을 풀고 밥을 다 먹고 오전 예배에 갈려고 “엄마 교회 가야지” 말했더니, “이놈아. 이제는 니가 굶어 죽든지 살든지 니가 알아서 해라” 하시고 “이제는 나는 예수 안 믿는다” 하셨어요. 밥을 먹고 나니까 그렇게 말씀하시더라고요. 너무나 낙심이 되었지만 결국 일 년이 못 되어서 교회에 오셨죠. 누님 두 분도 오셔서 큰 은혜를 받아 붙들린 사람 되고 형님도 어렵게 사시다가 저보다도 먼저 신학을 해서 목사가 되고, 하나님의 참 놀라운 은혜를 체험하게 되었죠.

김 : 아멘, 당대에 믿으시면서 이렇게 목회하시기까지 하나님께서 부어주신 은혜가 놀랍습니다. 그 은혜를 함께 나눴으면 좋겠습니다.

목 : 제가 첫날 교회에 부임했을 때 어른들은 젊은 사람 세 사람하고 노인들

하고 저희 부부 합쳐서 23명이 있더라고요. 사람들도 많이 없는 그린 벨트 김해 평야지만, 올 한해 이 마을에서 믿는 자를 백 명을 달라고 기도했는데, 사실 일어날 수 없는 일이었습니다. 그렇지만 저녁에 집집마다 찾아가서 대문을 붙들고 엎드려서 한집 한집 이름을 불러 가면서 기도하고, 낮에 찾아가서 봤던 그 집 사람들 이름을 불러가면서 기도했어요. 저녁만 되면 동네 집마다 대문을 잡고 기도하는 기도 심방을 했더니 3개월 만에 100명이 되었어요. 그래서 더 앉을 수가 없어서 2부 예배를 드리다가 첫 번째 교회를 짓게 되고, 또 그 교회도 다 차서 옆에 새로운 교회를 짓고, 또 세 번째 교회를 건축하는데, 건축을 하는 중에 '매미' 태풍이 와서 짓던 교회가 다 무너져 버렸습니다. 그리고 지금의 네 번째 교회를 지었는데, 입당하기 전에 앞에 지었던 교회가 불이 나가지고 불에 다 탔죠. 하지만 지나고 나니까 '매미' 태풍도 잘 왔고, 불도 잘 났고 정말 지금은 오천 평의 대지 위에 삼천 명이 수용되는 교회를 지어서 많은 사람들을 전도할 수 있게 되었습니다. 지나고 보니까 그 모든 어려움들이 주안에서 다 전화 위복이 되었어요.

김 : 지금은 웃으시면서 건축 얘기를 하시지만 보통 일이 아니잖아요. 건축 헌금에 관한 간증 스토리도 있다고 들었습니다.

목 : 건축하다 보니까 성도들이 작정한 헌금들이 너무 적어가지고 실망했죠. 또 어떤 사람들은 얼마 정도 하겠지 하고 예상을 했는데, 아무도 하지 않는 것을 볼 때에 인간적인 마음으로 배신감도 느껴졌습니다. 그래서 새벽에 일어나서 기도하면서 그 사람들을 떠올리면 저도 모르게 속상하고 막 욕이 나

오더군요. 그러고 있는데 하루는 하나님께서 음성을 들려주시고 벽에다가 글을 주욱 써 주시더라고요. 너무 놀랐어요. 하나님께서 "나는 이 돌들로도 아브라함의 자손을 만들 수 있다. 네가 인간을 의지하고 얼마 하겠지 하면 절대 하지 않을 거다." 그때부터 저는 지금까지 누가 어떻게 하는지, 또 어떻게 할 건지 이런 것들은 한 번도 생각지 않고 오직 하나님께서 하시겠지 하나님께서 주시겠지 생각해왔습니다. 그러니까 처음엔 안 되는 것같아도, 지나고 나니까 하나님께서 넘치도록 채워주시더라고요. 하나님의 은혜가 너무 놀랍습니다.

김 : 살다보면 낙심하거나 우겨쌈을 당한다고 느끼는 분들이 많이 있습니다. 목사님, 용기를 주세요.

목 : 환경이나 사람들은 중요한 것이 아니고 하나님을 신뢰하는 믿음이 중요합니다. 저도 교회를 건축하고 어린 나이에 지금까지 오면서, 정말 목사가 아니면 뛰쳐나가고 싶은 경우도 많이 있었습니다. 그러나 근본적으로 저는 이런 어려움을 재미로 생각해요. 이 땅에 살아 있을 때가 아니면 어려움을 당할 일이 없을 거고, 어려움을 당하는 일도 이 땅밖에 없으니까요. 조금 잘 먹고 잘 사는 것보다는, 사명을 가지고 하나님께 헌신할 수 있고 조금 더 고생할 수 있으면 너무 감사한 일입니다. 하나님 나라에 가면 고통도, 고난도, 병도 없을 거니까, 병 있을 때에, 가난할 때, 힘이 없을 때에 더 주를 위해서 헌신하는 것이 하나님께 인정받을 수 있고 점수 딸 수 있는 기회라 여겨집니다. 저는 새벽에 기도할 때 '하나님, 저를 평안하게 하지 마시고 더 많은

저는 새벽에 하나님께 기도할 때 더 많은 고생을 달라고 기도합니다.
이 땅이 지나고 나면 영원히 고생을 하려고 해도 할 수 없습니다. 모든 것을 감사로 받아
들이시기 바랍니다.

고생을 주십시오' 라고 합니다. 이 땅이 지나고 나면 영원히 고생은 하려고 해도 할 수가 없어요. 그러니까 이것을 재미로 생각하고 감사로 생각하시기바랍니다.

김 : 주를 위한 일이라면 하나님께서 길을 열어 주십니다. 목사님의 목회 철학도 함께 나눴으면 좋겠습니다.

목 : 섬김과 헌신이 저의 목회 철학입니다. 이기적인 사람을 좋아하는 사람은 이 땅에 한 명도 없고, 예수님께서도 이 땅에 섬기러 오셨습니다. 가장 큰 섬김은 복음 전하는 것이지만 복음을 전하기 위해서는 믿는 사람, 안 믿는 사람 가리지 않고 작은 일부터 섬기고 도와 드리는 게 우선이라 생각합니다. 교회가 주위에 가난한 자, 약한 자를 도우는 것은 물론이고, 신자 불신자를 가리지 않고 일 년에 천 명씩 개안 수술을 해 드리고 있고, 이런 섬김을 통해서 많은 사람들이 그리스도께로 돌아오는 걸 보고 있습니다. 그래서 앞으로도 어떻게 하면 더 많은 사람을 섬길까 그런 마음으로 살려고 하고 있습니다.

김 : 개안 수술을 통해서 참 많은 분들이 빛을 찾으셨을 것 같은데요. 어떻습니까?

목 : 일 년에 천명 씩 해나가는데, 더 많은 사람들이 혜택을 볼 수 있도록 노력하고 있습니다. 원하시는 분들은 저희 교회 전화나 홈페이지에 등록을 하

시면 됩니다. 매년 5월달부터 신청만 하시면 가장 가까운 병원으로 연결해서 비용을 전액 부담합니다. 신자, 불신자 가리지 않고요, 저희들이 그분을 만나지를 않습니다. 전화나 홈페이지로 연락처만 받고 가까운 병원에 가서 수술을 받도록 합니다. 수술만 하면 돈을 입금시켜 주기 때문에 개별적으로 만나지도 않고 누군지도 모르지만 그분들은 교회 이름으로 수술 받았기 때문에 감사하다고 찾아오는 분들도 있습니다. 그러니까 우리 교회가 아니라 하나님 나라가 더 확장될 수 있으면 좋겠다는 마음으로 하고 있습니다.

김 : 정말 아름다운 사역이네요. 이렇게 모든 것을 주시는 하나님을 아직도 안 믿는 분들에게 꼭 하나님 만나시라고 말씀해주세요.

목 : 사람은 한번 태어나면 반드시 죽어야 되잖아요? 살아 있을 때 자동차 보험도 넣고, 교육 보험도 넣고 여러 가지를 준비하면서 반드시 한 번 떠나야 될 죽음을 준비하지 않는다면 정말 어리석은 자라고 생각이 듭니다. 가까운 교회 가셔서 하나님을 만나고 또 한 번도 관심이 없으셨더라도, 예배 참석해 보면 알게 되니까 가까운 교회 출석하시면, 하나님께서 우리에게 주신 사랑도 깨닫게 되리라 믿습니다.

김 : 목사님. 앞으로 기도하시는 비전이 있으실텐데요. 나눴으면 좋겠습니다.

목 : 부산, 경남의 기독교 인구가 너무 적기 때문에 저희들은 부산, 경남 인구의 30%의 복음화를 위해서 기도하고 있고, 그 역사를 위해서 개안 수술도

하고 있습니다. 또 여러 가지 사역으로 문화와 사람들의 마음을 바꾸길 소망합니다. 우리 교회가 하는 일들은 작은 것이지만 모든 교회들이 다 열심히 하고 있기 때문에 전심전력해 나가면, 이런 일이 우리 생애 가운데 꼭 일어날 것을 믿고 그렇게 하고 있습니다.

김 : 성도들에게 특별히 당부하고 싶은 말씀 있으시면 함께 나눠주세요.

목 : 여러가지 어려운 환경 가운데 계시겠지만, 사람이 한번 일생 동안에 하나님을 위해서 헌신하는 것이 이 땅을 떠날 때 가장 보람된 일이라는 걸 믿으시기 바랍니다. 우리가 있는 위치에서 최선을 다해서 하나님의 복음을 땅 끝까지 증거하기 위해 힘쓰는 성도들 되시길 바랍니다.

김 : 아멘, 교회 이름처럼 부산 선교, 한국 선교, 세계 선교를 이룰 수 있는 교회로 발돋움하시기를 기도드립니다. 목사님, 감사합니다.

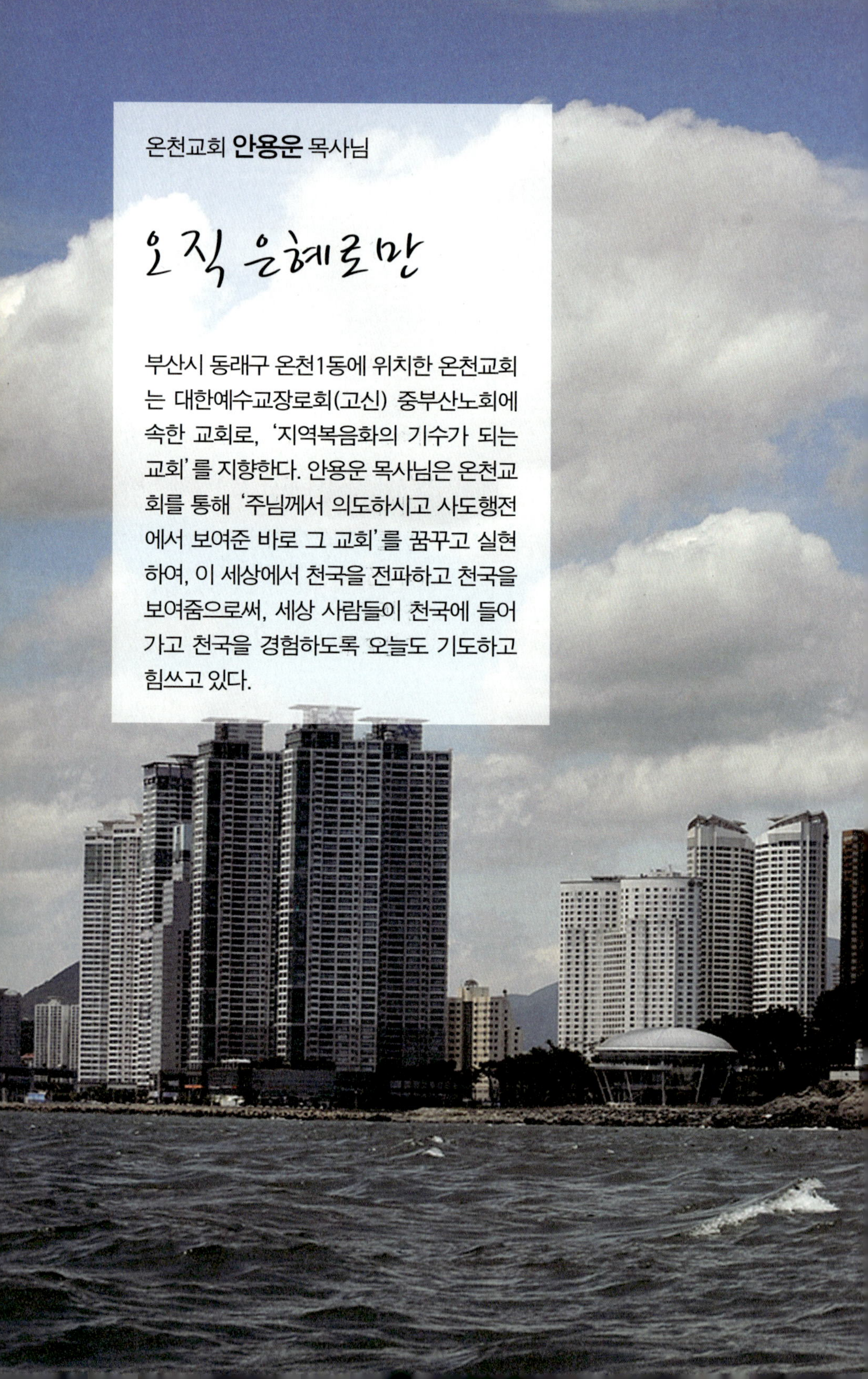

오직 은혜로만

부산시 동래구 온천1동에 위치한 온천교회는 대한예수교장로회(고신) 중부산노회에 속한 교회로, '지역복음화의 기수가 되는 교회'를 지향한다. 안용운 목사님은 온천교회를 통해 '주님께서 의도하시고 사도행전에서 보여준 바로 그 교회'를 꿈꾸고 실현하여, 이 세상에서 천국을 전파하고 천국을 보여줌으로써, 세상 사람들이 천국에 들어가고 천국을 경험하도록 오늘도 기도하고 힘쓰고 있다.

하나님을 위한 삶을 살면 진정한 평안과 구원이 찾아 올 것입니다.

김 : 목사님께서 어떻게 하나님을 섬기게 되었는지 궁금합니다.

목 : 고등학교 1학년 때 친구의 인도로 교회를 나가게 되었고, 고등학교 입학할 때 국제 기드온협회에서 선물한 성경책을 가지게 되었습니다. 성경책을 틈틈이 읽고서 기독교에 호감을 가지게 되었는데, 결정적으로 하나님을 만난 것은 고등학교 2학년 때입니다. 2학년 올라갈 즈음 1969년도 2월 28일 제가 날짜도 기억하는데요, 괴정제일교회 중고등부 학생들이 모여서 철야 기도를 했습니다. 그때 참석했는데, 그날 여러 집사님들이 하는 간증을 통해 하나님이 살아계심을 알게 되었고, 그후 차츰 성경을 읽어가면서 예수님이 나의 구주인 걸 깨닫게 되었습니다.

김 : 정필도 목사님도 친구의 인도로 하나님을 믿게 되었다고 하셨는데 목사님도 고 1때 친구의 인도로 교회를 다니게 되셨군요.

목 : 그날 저를 인도해 준 박성호 장로, 정말 고맙습니다.

나이 80세 되신 어머니께서 찬송가 519장 '구주께서 부르니'를 듣고 22년 만에 돌아오셨을 때 정말 기뻤습니다. 성령께서 어머니의 마음을 녹여버렸습니다.

김 : 목사님께서는 언제 목회자가 되기로 결심하셨습니까?

목 : 저는 사범 대학을 졸업했고 2년 동안 교직 생활을 했습니다. 하지만 교사가 되는 일보다 더 중요한 일인 영원한 생명을 얻게 하는 일에 매진하고 싶다는 마음이 들었고 그래서 SFC 간사로 대학생들과 청소년들을 인도하는 평신도 간사로 사역했습니다. 그렇게 다년간 봉사를 하다가 하나님이 나를 교회 지도자로, 목회자로 부르셨다는 확신을 얻고 신학교에 들어가서 훈련을 받고 목사가 되었습니다.

김 : 그런데 목사님은 얼굴이 너무 평안하셔서 그동안 목사님께 어려운 일이 있었을까 하는 생각이 들거든요. 어떠셨어요?

목 : 지금 생각해 보면 우리 어머니를 구원하는 일이 가장 어려웠습니다. 고등학교 2학년 때 일찍 예수님을 믿었지만 어머니는 22년 후, 나이 80세에 예수님 믿고 세례를 받으셨습니다. 왜냐하면 불교 집안이셨고 샤머니즘, 미신에 심취하셨습니다. 또 어머니 여형제분들 중에 무당도 계시고 절에 주지도 계셨어요. 어머니께서 예수 믿는 것을 아주 싫어하셨고 예수님에 대해서 알레르기 반응을 일으키셨습니다. 제가 고등학교 때 교회에 간다고 핍박도 많이 받았죠.

대학교 때는 "너나 예수 믿어라. 내가 예수 믿으면 손에다가 장을 지질게"라고 말씀하셨고, 나중에는 절에 들어가셔서 몇 달간 암자 하나를 맡으셔서 불공도 드리고 수계도 받고 법명도 받았습니다.

제가 시골 교회에서 목회할 때 가끔씩 스님으로부터 전화가 왔는데 "거기 강 보살님 계세요?" 하는 거예요. 제가 어찌나 마음이 괴롭던지요. 다른 사람을 전도하는 목사지만 정작 자기 어머니는 전도를 못하고, 이러다가 어머니가 구원 받지 못하고 돌아가시면 어쩌나? 하고 가슴도 아프고 걱정도 되어서 기도를 많이 했습니다.

목 : **주님이** 하셨습니다! 어느 날 하루 아침에 변하시더라고요. 제가 30대 중반부터 약 9년 간 시골에 있는 진성교회에서 목회를 했습니다. 어머니께서는 시골 우리 집에 잘 오지 않으셨는데, 저희 셋째 아들이 태어났습니다. 진성교회에서 태어났다고 이름을 진성이라고 불렀는데 하루는 어머니께서 "너희는 보기 싫지만 손자는 무슨 죄가 있냐"고 손자 핑계를 대고 저희 집에 오시는 겁니다. 그럴 때마다 막내 아들이 목사니까 체면상 예배에 참석하고 그러셨는데, 어느 날 주일 예배를 참석하고 오셔서, "애야, 그 찬송을 부르는데 찬송이 내 맘에 와 닿고 눈물이 나더라. 그 찬송이 무슨 찬송이지?" 하시는 거예요. 제가 가만히 들어 보았어요. 그리고 찬송가집을 뒤져 찾아봤더니 요즘 새로 바뀐 찬송은 519장이고, 옛날 찬송은 251장인데 "구주께서 부르니 오늘 오라 하시네" 하는 찬송이었습니다.

그 찬송을 듣는 순간에 성령께서 우리 어머니 마음을 **녹여 버렸어요.** 그래서 우리 어머니가 회개하고 하나님 앞에 나와서 계속 새벽 기도도 열심

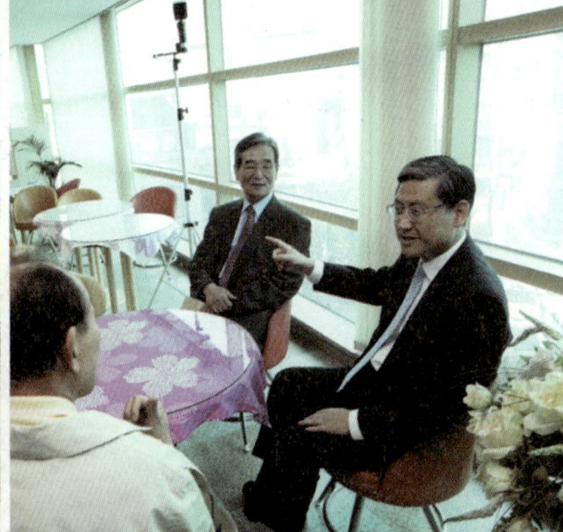

2008 제4회 부산세계사회체육대회
The 4th Busan TAFISA World Sport For All Games
Ukraine Victory!
Busan Ukraine Citizens Supporters

히 하시면서 6년 동안을 믿음으로 사시다가 천국 가셨습니다. 그래서 "주 예수를 믿어라 그리하면 너와 네 가정이 구원을 얻으리라"는 말씀이 사실로 이루어졌습니다. 혹시 가족 중에 전도하기 어려운 분이 있다면 이 말씀을 붙드십시오. 주 예수를 믿고 계속 기도하고 전도하면 그 가족이 반드시 구원을 받게 되리라고 믿습니다.

김 : 어머니가 여든의 나이에 '구주께서 부르니' 이 찬송을 듣고 주님을 영접하셨으니 얼마나 행복하셨겠어요.

목 : 제가 온천교회에 와서 목회하는 것을 2년 반 정도 보셨지요.

김 : 나중에는 목회하시는 아드님을 위해서 기도를 많이 하셨을 것 같아요.

목 : 밤에 제가 심방을 갔다 와서 어머니 방문을 열면 불을 꺼놓고 어두운 곳에서 어머니께서 기도하시는 모습을 자주 봤습니다.

김 : 그때 정말 하나님의 위대함을 느끼셨을 텐데요, 어머니 얘기를 더 들려주세요.

목 : 예전에 저희 어머니께서 제가 국제 기드온협회에서 받은 성경을 안 믿으실 때 찢어 버리셨습니다. 그리고 "예수 믿으면 밥 주나?" 라고 하셨지요. 근데 제가 진성교회에 있다가 온천교회로 옮겨 왔을 때 기드온 협회 회원들

이 방문해서 기드온 순방 예배를 드리는데, 사역을 보고한 후에 성경 배포를 위한 헌금 시간을 가졌습니다. 그때 어머니께서 헌금을 하셨어요. 그리고 미안해하시며 "애야, 그때는 내가 잘 몰라서 성경을 찢었다"라고 말씀하시더라고요. 그래서 제가 말씀드렸지요. "어머니, 보세요. 예수 믿으면 밥 주냐 하셨는데, 제가 예수 믿고서 밥 먹고 살지 않습니까?" 그러자 어머니께서 "애야, 내가 잘 알지를 못해서 그렇다"라고 하셨습니다.

김 : 하나님께는 못 돌아올 분이 없다는 생각이 드네요.

목 : 그리고 제가 시골 교회에 있을 때는 어머니께서 전도를 더 잘 하셨어요. 시골 어르신들한테 "이 사람들아 예수 믿으니 좋더라. 나도 예전에는 불교 믿었는데 예수 믿으니까 더 좋고 예수 믿는 사람 중에 좋은 사람도 많더라"라고 하셨는데 시골에서는 저희 어머니 전도가 더 잘 먹혀 들어 갔지요.

김 : 어머니 말씀하시면서 목사님 눈시울이 찡하신데요. 목사님 말씀 들으시고 어머니, 아버지 생각하시는 분들도 많으실 것 같습니다. 지금 온천교회에서 귀하게 사역하시는데 목회 철학도 나누었으면 좋겠습니다.

목 : 목회 철학은 교회와 목사가 왜 존재하는가? 하는 성찰에서 시작된다고 생각합니다. 그리스도의 몸인 교회가 건강한 교회로서 그리스도의 장성한 분량까지 성장하면 예수 그리스도께서 교회를 통해 드러나게

된다고 생각합니다. 오늘날 사람들이 예수님을 어디서 만나겠습니까? 교회 가서 병든 몸도 치유받고 눌린 자는 자유를 얻으면서 주님을 만나지 않겠습니까? 그래서 그리스도의 몸인 이 교회가 온전하게 되어서 오늘날 살아계신 예수 그리스도가 교회를 통해서 충만히 드러날 수 있도록 하는 것이 제 목회 철학입니다.

김 : 좋아하시는 말씀을 나누고 싶습니다.

목 : 좋아하는 말씀은 갈라디아서 2장 20절입니다. '내가 그리스도와 함께 십자가에 못 박혔나니 그런즉 이제는 내가 사는 것이 아니요 오직 내 안에 그리스도께서 사시는 것이라 이제 내가 육체 가운데 사는 것은 나를 사랑하사 나를 위하여 자기 자신을 버리신 하나님의 아들을 믿는 믿음 안에서 사는 것이라' 하는 말씀을 항상 주야로 묵상합니다.

김 : 섬기시는 교회 비전도 말씀해주시겠어요?

목 : 저희 교회가 온천 1, 2동 뿐만 아니라 동래구, 나아가서는 부산 지역에 복음을 전파해 복음화율을 20%, 30%까지 올려서, 부산의 복음화를 이루는 것이 비전입니다.

김: 목사님은 특별히 교회 연합 사역에 힘쓰고 계시잖아요? BFGF 행사의 총괄 총무로 섬기면서 부산을 뜨겁게 만드셨는데요. 교회 연합에 대한 목사님

의 생각도 듣고 싶습니다.

목 : 성도 여러분은 지역 교회에서 주님을 적극적으로 섬겨야 합니다. 그리고 아울러 우리는 하나님을 아버지로 예수님을 주님으로 섬기는 한 가족입니다. 그래서 하나의 교회라는 생각을 하시고 부산의 복음화를 위해서 연합 사역에도 적극적으로 참여 하시기를 바랍니다.

김 : 믿지 않는 분들도 목사님의 어머니 이야기를 듣고 마음이 움직이셨을 것 같은데요. 왜 교회를 다녀야 되는지 왜 하나님을 믿어야 하는지 말씀을 부탁 드리겠습니다.

목 : 저희 교회에 초신자 분들이 처음 오셨을 때 보면 얼굴에 걱정 근심이 가득해 보입니다. 하지만 교회 다니고 1년 후에는 얼굴이 환하게 피면서 "목사님, 진작에 예수 믿을 걸 그랬나 봐요" 이렇게 얘기합니다. 하나님을 믿고 하나님을 위한 삶을 살면 가정과 일에 진정한 평안과 구원이 찾아 올 것입니다. 모두 가까운 교회에 가셔서 예수님을 구주로 받아 들이시면 하나님의 풍성한 축복이 내려질 것입니다.

김 : 아멘, 모두 하나님께로 꼭 돌아오시기 바랍니다. 목사님, 귀한 말씀 감사합니다.

사람들이 예수님을 어디서 만나겠습니까? 교회 가서 병든 몸도 치유 받고 자유를 얻으면서 주님을 만나지 않겠습니까? 그리스도의 몸인 교회가 온전하게 되어서 예수님이 교회를 통해 충만히 드러날 수 있어야 합니다.

수영교회는 3.1 운동이 일어난 1919년 3월에 설립되어 91년의 역사를 가진 신앙의 정통과 생활의 순결을 지켜온 교회이다.

부산 수영 팔도시장에 위치한 수영교회는 하나님께서 디자인하신 "신령한 교회 ,건강한 교회, 성장하는 교회"를 지향하고 있다.

2007년 5월에 부임한 유연수 목사님은 하나님 중심의 확고한 목회 철학을 가지고 말씀과 기도의 회복, 예배의 회복을 통해서 부흥과 성장을 이끌고 있다. 특별히 금요철야기도회를 통해 기도의 불을 일으키고 있으며 다음 세대를 위한 초석을 놓는데 심혈을 기울이고 있다.

내가 살면 교회가 죽고 내가 죽으면 교회가 산다

나를 죽이고 주님을 바라볼 때, 주님께서 능력으로 인도하십니다.

김 : 목사님의 인생을 주관하신 하나님, 참 멋진 분이시죠. 하나님께 감사하는 제목을 말씀해주세요.

목 : 저는 믿지 않는 가정에 태어나서 예수를 믿었기 때문에, 하나님의 자녀로 택하시고 불러주신 은혜에 대한 감사가 평생 감사 제목이지요.

김 : 그러면 하나님의 자녀가 어떻게 되셨는지 궁금합니다.

목 : 저는 엄격한 유교 집안의 장남으로 태어났습니다. 9남매 중에 장남인데요, 아버지께서는 우리나라 유림회 부회장을 지내셨고 한학을 공부하셨습니다. 그런데 제가 들어간 학교가 경남에 있는 기독교 학교인 거창 고등학교였습니다. 그곳에서 교장으로 계신 고 전영창 선생님을 만나 예수님을 알게 되었고, 제 인생이 바뀌게 되었죠. 가장 인상적이었던 것이 입학식 때 교장 선생님께서 훈화하시는데, 마침 앞자리에 앉아 있었어요. 그때 양말을 보게 되었는데 밑바닥의 반을 기운 양말을 신고 계셨어요. 선생님은 미국에서 공부를 많이 하고 오신 분인데, 그 모습을 보면서 가슴이 두근거리기 시작했어

요. 정말 내가 학교를 잘 왔구나 하고 생각했지요. 그 후로 선생님께 복음을 듣고 예수님을 만났지요. 이후 주님을 기쁘게 해드려야겠다는 생각과 나도 한평생 교장 선생님을 닮아야 되겠다는 생각을 했지요.

김 : 유림의 가문이라고 말씀을 하셨는데 아버님께서 한약방을 오랫동안 하셨지요? 혹시 아들이 한의사가 되기를 바라지는 않으셨는지요?

목 : 많이 바라셨죠. 아버지께서는 지금도 하고 계시고요, 저도 예수 믿기 전까지 한의사가 되려고 생각을 했습니다. 그런데 하나님께서 한의사가 아니고 목사로 만들어 주셨습니다.

김 : 영혼을 치료하고 구원하는 의사로 만들어주셨네요. 전영창 교장선생님께서 어떤 말씀을 주로 해주셨던가요?

목 : 선생님께서 훈화를 통해서 시골 아이들에게 꿈을 가져라. 하나님은 살아계시고, 정의는 반드시 승리한다. 먹구름 뒤에는 태양이 빛나고 있다고 외

치시던 모습이 지금도 눈에 선하네요.

김 : 한의사를 꿈꾸던 소년이 예수님을 알게 되면서 자연스럽게 진로가 변했을거란 생각이 드네요.

목 : 예수님을 만나고 나니까 너무 좋았어요. 너무 좋아서 고등학교 1학년이 밤 하늘의 달을 보고도 울고 그랬어요. 주님의 은혜가 감사해서 어떻게 주를 기쁘게 할 것인가 고민도 했어요. 그러던 중에 저의 집이 여유있게 살다가 어려운 일이 닥쳤어요. 집안이 파산이 되었지요. 게다가 어머니께서 돌아가시는 바람에 어린 동생들이 많이 힘들었고 저는 더 이상 공부할 수 없는 입장까지 왔어요. 그래서 고등학생때 초등학생을 가르치면서 겨우 공부를 계속했어요. 그런데 교장 선생님이 저를 부르시더니 "연수야, 네가 믿는 하나님은 천지의 주인이시다. 네가 기도하면 하나님이 공부할 수 있도록 도와주실 거다" 라고 말씀하셨어요. 그래서 그 말씀을 가슴에 품고 열심히 기도하고 공부를 했지요. 고등학교 2학년, 3학년은 학비를 내지 않고 교장 선생님께서 저를 공부시켜 주셨어요. 그래서 하나

님께서 주신 은혜를 어떻게 갚을까 생각하다가 목사가 되기로 결심했죠. 고등학교 졸업하고 고민하지 않고 신학대학을 갔지요. 왜냐면 제가 신학대학을 갈 수 있게 된 배경 중에 하나가 가정이 어려우니까 아버지께서 제 등록금을 못 주셨잖아요. 그러니 신학대학을 간다고 해도 아버지께서 반대하는 말씀을 차마 못하셨어요. 한 2년 등록금을 못 주셨으니까요. 어찌 생각하면 인간적으론 가슴 아픈 이야기인데, 지금 생각하면은 하나님의 인도시죠. 아버지께서 계속 반대하셨으면 아마 신학대학을 갈 수 없었을 겁니다.

김 : 목회의 길로 들어서고 사실 경제적인 어려움은 있었어도 하나님이 부르셨다는 확신은 날이 갈수록 더했을 것 같습니다.

목 : 그랬지요. 신학교에서도 경제적으로 많이 어려웠습니다. 먹는 데도 어려움이 있었고요. 그래도 확신이 있었기 때문에 늘 기도하면서 하나님 앞에 물었죠. "하나님 예수님을 누가 믿게 했습니까? 내가 믿었습니까? 하나님이 믿게 하셨잖아요. 신학교에 누가 보냈습니까? 하나님이 보내셨잖아요. 그러면 누가 책임져야 되겠습니까?" 그랬어요. 하나님께서 나를 책임지라고. 찬송가 "천부여 의지 없어서"를 눈물 흘리면서 많이 불렀지요. 하나님이 나를 부르셨으니까 책임지라고. 아무데도 갈 데가 없다고, 그렇게 하나님께 떼를 써가며 소리를 많이 질렀지요. 그때 부르짖는 기도를 들으시고 하나님이 불쌍히 여겨 주셔서 지금까지 이 길을 가고 있습니다.

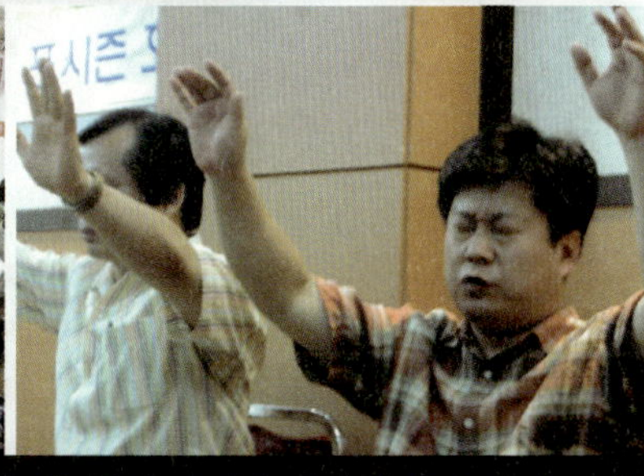

제가 전도사때부터 걸어놓은 말씀이 있습니다. '내가 살면 교회가 죽고 내가 죽으면 교회가 산다.' 인데요, 주님 앞에 부름 받을 때까지 그렇게 살고 싶습니다

예수님을 만나고 나니까 너무 좋았
어요. 너무 좋아서 고등학교 1학년
때 밤 하늘의 달을 보고도 은혜 받
고 울고 그랬어요.

김 : 항상 행복해보이세요. 목사님, 목회하시면서 하나님의 놀라운 은혜를 얼마나 많이 만나셨겠어요. 또 나누실 간증 소개해 주시면 좋겠습니다.

목 : 하나님께서는 그의 교회를 너무 사랑하시기 때문에 교회를 맡긴 목사도 사랑하시고 축복하심을 늘 경험합니다. 특별히 교회에 어려운 문제가 닥칠 때 하나님께서 그 문제를 풀 수 있도록 기도하면 역사하심을 봅니다. 제가 신대원을 마쳤을때 교인이 12명인 조그만 시골 교회로 부임했습니다. 그런데 어느 날 다섯 살 먹은 어린 아이가 봉투를 하나 들고 와서 마루에 던지고 갔어요. 보니까 제 사례비였어요. 속상하고 자존감이 상해서 죽고 싶을 정도로 온몸이 떨리더라고요. 재정을 담당하는 집사님은 집에 있고 아이를 시켜서 저한테 갖다주라고 한 거예요. 아, 정말 내려가서 한바탕 하고 싶었죠. 그런데 감사하게 참고 기도했어요. 처음에는 떨려서 기도가 안 됐지만요. 결국 한 달 뒤에 그분이 찾아와서 저한테 용서를 구했어요. 그 뒤 저는 지금도 그걸 생각하며 목회를 해요. 어떤 것이 유익한 것인지, 주님의 방법이 어떤 것인지 생각합니다. 그 경험 때문에 지금까지 목회를 하면서 화를 잘 안내죠. 사실 화를 낼만한 자격이 있는 것도 아닙니다.

김 : 정말 사람이 화를 내고 행동을 한다고 일이 해결되는 것이 아니고 하나님께 조용히 아픈 마음을 보여 드렸을 때 하나님께서 풀어주시는 것 같습니다. 그런 은혜를 많이 경험하셨죠. 목사님.

목 : 그렇습니다. 시시때때로 하나님이 제게 용기를 주시기 위해서 기적을

행해주시고 어려운 병도 낫게 해주셨을 때, 감사를 드리면서 '하나님, 제가 용기를 잃을까 싶어서 또 용기를 주시는군요' 그런 생각을 많이 했죠. 이런 하나님 믿는 배짱과 담대함으로 주님을 따라가고 있습니다.

목 : 제 책상 앞에 전도사때부터 걸어놓은 말씀이 있습니다. '아생교회사 아사교회생 我生敎會死 我死敎會生' **'내가 살면 교회가 죽고 내가 죽으면 교회가 산다'** 인데요, 주님 앞에 부름 받을 그때까지 그렇게 살고 싶습니다. 하나님의 능력의 역사는 제 경험에 의하면, 주 안에서 내가 기꺼이 죽을 때 나타나더라고요. 지는 것처럼 보이고 양보하는 것처럼 보이지만 결국엔 그것이 이기는 것이고요, 하나님께서 정말 그렇게 인도하셨어요. 교회를 섬겨오면서 가장 중요한 것은 내가 죽는 거예요. 교인이 죽는 게 아니고 내가 죽는 것, 내가 그렇게 참고 견디고 죽을 때에 하나님이 위로하시고 세워 주시더라고요. 그래서 지금까지 은혜와 부흥을 주셔서 목회하고 있습니다. 내가 살면 하나님이 역사할 자리가 없어요. 나를 죽여야 됩니다. '나를 따라 오려거든 자기를 부인하고 자기 십자가 지고 따라 오라' 고 그랬잖아요. 아직도 잘 안되지만 정말 어떠한 자리든지 나를 죽이고 주님 바라볼 때, 주의 능력이 나를 인도한다는 것을 너무 많이 봤고 느끼고 있습니다.

168

김 : 현대인들이 가장 못하는 것이 자신을 죽이고 주님을 의지하는 것이죠. 주님을 진정으로 따르는 제자라면 자신을 먼저 칠 줄 알아야 되겠습니다.

목 : 쉬운 것이 아니지요. 간혹 아내가 그래요. '여보, 어떻게 해서 된 목사인데, 우리가 이렇게 해야 되겠습니까?' 하고요, 정말 어떻게 된 목사인데요. 예수 안 믿는 집에서 부름받고 예수 믿은 것만도 감사한데, 목사까지 시켜 주셨습니다. 제가 하나님 일을 망치면 안 되잖아요. 그런 생각을 가지고 부족하지만 노력하고 있습니다.

김 : 목사님, 하나님을 모르는 분들에게 꼭 해주고 싶으신 말씀 많으시죠?

목 : 우리 교회 주변에는 한 40여 개의 점집들과 철학관이 있어요. 예수 안 믿는 분들은 세상의 영이 눈을 가려서 그렇지요. 우리가 그분들을 위해서 기도해야 됩니다. 우리에게 복음의 책임이 있습니다. 예수 믿지 않는 분들의 눈이 열려서 영원히 사는 이 길을 알고 예수 믿어 구원 얻고 하나님의 은혜를 누리며 살아가는 복이 있었으면 좋겠어요.

김 : 아멘, 목사님 비전과 기도 제목을 나눠 주세요.

목 : 우리 교회는 예전에 어려움을 당했던 교회인데, 저는 '교회에 부흥을 주십시오' 그렇게 기도하지 않았습니다. 부흥은 하나님의 것이고요, 그래서 늘 기도하는 것은 "하나님 교회를 교회되게 해 주옵소서 우리 교회가 하나님이

디자인한 교회가 되게 해 주옵소서"라고 합니다. 그러면 부흥은 따라오는 거라고 믿습니다. 또 개인적으로 능력 있는 목사이기보다 신실한 목사가 되게 해 달라고 늘 기도하고 있습니다. 유연수라는 목사 그분은 신실합니다, 그 말을 듣는 게 제 소원이고요. 또 성도들에게는 "목사님 만나서 행복해졌습니다"라는 말을 듣는 목사가 되어야 겠다는 생각을 하고 노력하고 있습니다.

김 : 네. 많은 영혼들을 따뜻하게 품어주시는 목사님 되시기를 기도드립니다. 성도들에게 특별히 당부하고 싶은 말씀 나눠주세요.

목 : 우리가 사는 부산은 복음화율이 낮아서 영적으로 척박한 땅이라는 이야기를 많이 듣는데요. 최근에 복음의 바람과 뜨거운 성령의 바람이 불고 있습니다. 하나님께서 역사하시고 우리가 수종들었기 때문에 그런 일이 일어나고 있는 것이죠. 우리가 사는 땅을 복음화시키는 것은 하나님께서 주신 사명입니다. 우리 힘으로는 안 되지만 기도하고 밤낮으로 복음 전할 때에 하나님께서 꿈을 이루어 주실 줄 믿습니다. 또 우리를 사용하실 것입니다. 우리가 기도하고 전도한다면 이 땅이 하나님 앞에 바쳐진 거룩한 땅이 될 줄로 믿습니다. 또 우리들이 축복의 주인공이 될 것입니다.

김 : 목사님, 하나님 안에서 앞으로도 신실하고 행복한 종으로 살아가실 것을 믿습니다. 감사합니다.

부산시 영도구 동삼1동에 위치한 해양교회는 한국해양대학의 믿음의 청년들을 통해 교회 건립을 위한 소망을 가지고 기독 동문들을 중심으로 기도와 헌금을 계속하여 오던 중 1987년 7월에 설립되었다.

1997년 4월에 2대 교역자로 이요한 목사님께서 부임해 국제 해양 선교 활성화를 위해 노력하고 있고, 현재는 한국해양대학 앞에 해양센터를 건축 중이다. 해양교회의 주요 사역은 해양대학교의 복음화, 해양선교를 통한 세계선교, 방선사역과 중보기도사역이다.

해양 복음화에서 세계 복음화로

해양 복음화에서 세계 복음화로

배를 타고 바다에 나가면 위대한 자연과 하나님의 창조 앞에 아무리 큰 배라도 일엽
편주에 불과하다는 것을 느낍니다.

김 : 목사님, 부산하고 해양 선교는 밀접한데, 교회 이름도 해양교회군요?

목 : 교회 이름이 말해주듯이 저희 교회는 부산에서 정말 필요한 해양 선교
를 위해서 세워진 교회고 또 해양 선교를 열심히 감당하고 있습니다.

김 : 목사님은 하나님의 자녀가 어떻게 되셨어요?

목 : 저는 4대째 이어지는 믿음의 가정에서 태어났습니다. 그래서 어려서부
터 신앙중심, 교회중심으로 자랐지요. 저의 이름이 말해주잖아요? 요한이란
이름을 할머니께서 지어주셨는데, 청소년 시절에는 이름에 대한 불만이 좀
있었습니다. 당시에 요한이라는 이름이 거의 없었는데, 친구들과 놀 때도 이
름 때문에 잘못된 행동을 하지 못했어요. 그리고 할머니와 어머니의 철저한
신앙 교육을 받고 자랐습니다.

할머니는 일제시대와 6. 25전쟁 때도 목숨을 걸고 교회를 지키셨던, 신앙밖
에 모르셨던 분이시고 저희 어머니는 가정의 모든 어려운 일들을 기도로 이
겨내셨던 분이십니다. 자녀들을 위해서 기도를 쉬지 않으셨고, 자녀들이 신

앙 중심으로 살도록 실천하신 분이십니다. 제가 집을 떠나서 고등학교 때부터 자취를 하고 또 대학 때는 기숙사 생활을 했는데 어머니는 학교 근처의 교회를 찾아가서 목사님께 저를 부탁한다고 늘 말씀하시면서 저에게 교회 중심으로 생활하도록 바운더리를 쳐주셨어요. 그래서 교회를 떠날 수가 없었고, 또 나중에 해양대를 졸업하고 선박 승선시에도 자주 저에게 편지를 써서 신앙생활 잘하라고 독려하셨습니다. 그래서 저는 비록 가난하고 어려운 시절을 보냈지만 믿음의 가정에서 태어나고 믿음이 훌륭하신 할머니, 어머니의 신앙교육을 받고 자란 것을 늘 감사하고 있습니다. 저는 어머니의 기도가 **얼마나 자녀들에게 영향을 미치는가**를 경험하면서 자랐지요.

김 : 믿음의 여인의 기도가 자녀들에게 큰 영향을 미친다는 것을 목사님은 확실히 아시겠어요. 그런데 목회자가 금방 되셨을 것 같은데 배를 타셨거든요. 어떻게 다른 길로 가셨을까 궁금한 생각이 들어요.

목 : 그러나 저희 아버지의 삶은 평탄치 못하고 많은 어려움을 당하셨고요, 어머니는 많은 고생을 하셨고 저희 4남매는 가난하게 지냈지요. 그래서 저는 장남으로 가정을 일으켜야 한다는 책임감으로 목회는 생각도 못하고 국립 해양대학교에 입학하게 되었습니다.

그리고 졸업 후에 해운회사에 입사해서 약 8년 정도 승선해 가정도 안정시키고 결혼으로 새가정도 이루고 두 아들을 두고 행복하게 살다가 육상에 정착하기 위해 해양대학교 대학원을 진학해서 공부하고, 졸업 후에는 연구소에 취업할 예정이었습니다. 모든 것이 다 잘되어 갔습니다. 목회는 완전히 잊고 있었죠. 그런데 이때부터 인생의 고난이 닥치기 시작했습니다. 저를 위해서 한평생 기도하시고 사랑으로 길러주셨던 어머니께서 병환으로 소천하셨고요. 게다가 엎친 데 덮친 격으로 몇 달이 안 되서 사랑하는 둘째 아들이 장파열로 갑자기 죽게 되었습니다. 이때 저는 삶의 의미를 상실했습니다. 그리고 정말 산다는 것이 무엇인지 회의가 찾아왔습니다. 그래서 하나님께 항의했죠. '하나님, 왜 제게 이런 환란을 주셨습니까? 제가 무엇을 잘못한 게 있습니까?'

그러면서 아무래도 왜 이런 환란이 찾아왔는지 해답을 얻어야겠다는 마음을 가지고 아내와 함께 금식기도 하러 기도원에 갔습니다. 기도원에서 주님께서 이틀 만에 아주 깨끗한 응답을 주셨습니다. 기도하는데 환상 중에 주님은 저를 사랑한다는 말씀을 주시면서 "내가 너를 나의 종으로 불렀다. 이제 순종하라"라고 말씀하셨습니다. 그러면서 지나온 저의 삶을 비춰주시는데, 먼저 가신 할머니, 어머니가 보이고 그리고 정말 사랑하는 둘째 아들이 아기 천사의 모습으로 저에게 나타나 "아빠, 슬퍼하지 마세요. 저는 천국에서 잘 지내고 있어요. 아빠 힘내시고 저의 몫까지 열심히 사시고 목회 잘 하세요"라고 웃으면서 말하고 다시 하늘나라로 사라지는 것이었습니다. 그 순간 저에게서 모든 슬픔과 원망이 다 사라지고, 마음에 확신이 들고 말로 표현할 수 없는 기쁨과 새로운 생명력이 느껴졌습니다. 그러면서 '이제 목회에 순종해야 되겠다' 했지만 자신이 없었어요.

저는 마지막으로 '하나님, 목회를 하려면 말도 잘해야 하고 참으로 어려운 일인데 제가 어찌 감당하겠습니까?' 라고 하나님께 물었습니다. 그러자 주님께서 '아무 염려하지 마라. 내가 너와 함께 하고 너를 도와주겠다. 내가 너를 목회하도록 이끌어 주겠다.' 말씀하시면서 이사야서 41장 10절 "두려워하지 말라, 내가 너와 함께 함이라. 놀라지 말라, 나는 네 하나님이 됨이라. 내가 너를 굳세게 하리라, 참으로 너를 도와주리라. 참으로 나의 의로운 오른손으로 너를 붙들리라." 그런 응답을 주셨어요. 그래서 기도원에서 3일 금식을 마치고 인생의 모든 해답을 얻고 소명을 받고 내려와 1년 동안 신학 대학원 입학을 준비해서 서울 신학대학원에 입학하게 되었습니다.

김 : 목사님, 지금도 사랑하는 분을 떠나보내고 고통을 하나님께 부르짖고 있는 분들이 계실텐데, 들려주실 말씀이 있으시다면요?

목 : 제가 이런 아픔을 당해봤기 때문에 정말 자녀를 잃은 아픔을 당한 분이나 부모님이나 사랑하는 분을 잃어버린 아픔을 당한 분을 보면 인간의 위로는 잠시뿐이고 정말 진정한 위로는 하나님의 위로라고 생각합니다. 그래서 저는 그런 아픔을 당한 분들을 보면 가서 말을 안 합니다. 오히려 손을 잡고 기도를 해주거나 하나님의 위로가 함께 하기를 마음속으로 하나님께 간구

목회를 망설이는 제게 주님께서는 '아무 염려하지 마라. 너와 함께 하고 너를 도와주겠다. 내가 이끌어 주겠다.' 말씀하시면서 이사야서 41장 10절로 힘을 주셨습니다.

를 하죠. 그러면 마음과 마음이 통하는 것 같아요.

김 : 사람의 말은 정말 한계가 있고 사람의 위로는 제한이 있지요. 하나님께서만 그 마음을 채워주실 수 있지요. 그렇게 목회를 시작하셨기 때문에 이제는 절대로 뒤를 돌아보지도 않고 행복하게 목회를 하셨을 거란 생각이 들어요.

목 : 어렵게 하나님께 부름을 받았기 때문에 뒤를 돌아보려는 생각도 안했고 앞만 보고 달려갔습니다. 신학대학원에 입학해서 입학예배를 드리던 날 정말 펑펑 울었습니다. 하나님께서 '네가 서야 할 자리가 바로 여긴데, 네가 이제 왔구나. 정말 사랑한다.'라고 하셨고요, 입학식때 들은 설교 말씀이 가슴에 새겨지면서 들려왔습니다. 앞으로 정말 주님을 위해서 열심히 살아야 되겠다고 결단하고 열심히 공부했죠.

김 : 아멘, 목사님은 일등 기관사까지 하셨으니까 해양 선교쪽으로 비전을 가지셨을텐데요, 해양 선교의 중요성을 나눠주세요.

목 : 부산은 항구 도시이고 세계의 많은 선박들이 왕래하는 도시입니다. 하루에 70척이 넘는 많은 선박이 부산항을 입출항하고 있는데 그 선박에 많은 외국인이 승선하고 있습니다. 그래서 이들에게 찾아가서 복음을 전하면 선교지에 나가서 선교하는 그 이상의 효과를 거둘 수 있습니다. 저희 해양교회에서 선박에 방문해서 전도도 하고 세례도 주는 일을 하고 있는데, 주변에도 전도할 곳이 많지만 특별히 부산의 특성에 맞게 선박과 바다에 복음

을 전하는데 함께 했으면 좋겠어요. 그리고 해양선교를 위해서 기도해 주시고, 또 바다와 선원들, 가족들을 위해서 특별히 중보기도해 주신다면 참 감사하겠습니다.

김 : 해양 선교하시면서 안 믿는 사람들을 많이 만나시죠. 무속적인 내용들도 참 많을 텐데 믿지 않는 분들에게 해주고 싶은 말씀이 있다면요.

목 : 제가 배를 8년 정도 승선을 했고요, 지금은 영도 바닷가에 살고 있는데 특히 바다에는 미신, 무속 신앙이 많습니다. 그래서 제가 배를 탈 때도 적도제라는 제사를 지냈어요. 바다에 나가면 때로 큰 태풍을 만나거나 위험한 상황에

처하니까 용왕님께 제사지내서 안전한 항해를 기원하는 거죠. 저는 배에 승선하면서 안타까운 마음으로 승선할 때마다 예배를 드렸어요. 그리고 배에서 적도제를 지낼 때는 선원들이 다 절하는데 오히려 기도하고 그랬어요. 그리고 선박 교회를 세워서 예배드리고 안 믿는 사람들이 뭐라고 하더라도 굴하지 않고 모범이 되려고 노력했어요. 배에 승선하는 동안 선원들로부터 이목사라고 불리며 그때부터 목사의 명칭을 들었습니다.

그러다가 태풍이 오거나 파도가 막 치고 하면 저한테 선장님이 "이목사, 기도 좀 해줘"라고 부탁하기도 했습니다. 그렇게 기도해서 폭풍우를 뚫고 온 적도 있고, 항해중에 겁이 없었어요. 왜냐하면 하나님이 지켜주신다는 믿음이 있었기 때문입니다. 사도 바울이 로마로 가는 알렉산드리아 배를 탔을 때 유라굴로 강풍이 불어도 바울 때문에 276명이나 살려줬잖아요.

저는 배를 타면서 그런 확신이 있었어요. 뒤에서 저의 어머니, 할머니와 많은 분들이 기도해 주는데 하나님께서 지켜주신다는 확신이 있었고, 그 분들한테도 '여러분, 걱정하지 마십시오. 하나님께서 지켜주실 겁니다' 선포하는 식으로 얘기를 했었어요. 지금 생각하면 승선하면서 같이 예배하고 선포하고 했던 게 참 감사해요. 그때도 하나님께서 훈련을 시키셨던 것 같아요.

목 : 정말 우리가 하나님을 믿게 됐다는 게 내가 잘나서 믿은 게 아니고 정말 하나님의 특별한 은혜 같아요. 저는 배를 타고 망망대해 세계 각국을 8년 동안 다녔으니까 정말 바다에 나가면 위대한 자연 앞에, 그 하나님의 창

조 앞에 아무리 큰 배라도 일엽편주에 불과하다는 것을 느낍니다. 그때 저는 배뒷머리에 나가서 바다를 보고 하늘을 보면서 위대하신 하나님을 찬양했어요. 그리고 하나님께 기도할 때 정말 함께 하시는 것을 바다에서 많이 느꼈습니다. 그런데 안 믿는 사람들은 바다를 보고 거기에 용왕이 있다고 생각하는 것이 안타까웠죠. 처음에는 예배를 혼자 드리다가 두세 명 드리고 나중에 선원들이 반 정도 10명 이상까지 예배드릴 때는 너무나 기뻤어요. 그래서 그때 배를 타고 가족과 떨어지고 고국에서 떨어져서 어려웠지만 그래도 정말 축복된 시간이었구나 하고 생각하고 하나님께서 많은 은혜를 주신 시간이 그때였다고 믿습니다.

김 : 선박선교사 역할을 톡톡히 감당하셨네요. 지금도 하나님을 모르는 분들에게 하나님 믿으시라고 말씀해주세요.

목 : 이 땅에 모든 사람들은 행복하기를 원하잖아요. 그러나 이 땅에는 참된 행복이 없습니다. 오직 참 행복은 예수 그리스도 안에 있습니다. 혹시 삶에 지쳐 있거나 참된 행복을 찾고 있는 분이 계시다면 예수님을 꼭 믿으시고 가까운 교회를 찾아 가시길 바랍니다. 예수님을 만나면 여러분의 인생에서 가장 큰 보물을 소유하는 것입니다. 여러분 꼭 예수님 믿으시길 바랍니다.

김 : 아멘. 비전과 기도 제목을 나눠주세요.

목 : 개인적인 비전은 주님이 맡겨주신 목양을 최선을 다해서 끝까지 잘 감당하는 것입니다. 그리고 저희 해양교회가 해양대학을 복음화하고 해양을 복음화해서 세계 복음화의 사명을 잘 감당하는 비전을 가지고 나아가고 있는데, 또 이 일을 위해서 제가 부족하지만 한 알의 밀알로 쓰임받기 원하고, 지금 우리 해양교회가 건축을 진행하고 있는데 모든 과정이 잘 되어서 아름다운 건축이 이뤄지고 앞으로 이러한 목표와 비전이 더 크게 확장되었으면 하는 것이 비전이고 기도 제목입니다.

김 : 영도의 아름다운 명소가 될 것 같은 그런 마음이 드네요.

목 : 네. 외관도 약간 배 모양이고요. 한국에서 유명한 설계사가 특별히 디자인에 신경을 많이 써서 좋은 설계로 건축합니다. 기대해주시기 바랍니다.

김 : 목사님, 아름다운 해양 센터를 통해서 하나님을 진정으로 섬기는 선박 선교사가 5대양 6대주로 많이 배출되기를 기대하겠습니다. 감사합니다.

기도에는
이유가
있을 수 없다!

부산시 영도구 남항1가에 위치한 남성교회는 1951년에 설립된 이래 60년을 한결같이 영혼 구원을 향한 뜨거운 열정과 하나님 나라를 위한 거룩한 비전을 품고 달려온 교회이다. 영혼에 기쁨을 주는 교회, 젊은이들에게 꿈을 주는 교회, 이웃에게 사랑을 주는 교회, 세계에 복음을 전하는 교회로 거듭나기 위해 이선유 목사님과 전 성도들은 노력하며 기도하고 있다. 새벽마다 기도의 무릎을 모으는 목사님과 전 성도들이 온맘으로 하나님이 거하실 아름다운 처소가 되기 위해 함께 헌신하는 남성교회는 지나온 60년보다 앞으로의 시간이 더 기대되고 소망이 있는 교회이다.

부 림
P
부산－고현
(주) 서 경
OLD COAST

기도에는 이유가 있을 수 없다!

오직 우리가 이 땅에 줄 수 있는 희망은 예수밖에 없습니다.

김: 인생을 인도해주신 하나님께 감사하는 말씀을 나눠주세요.

목 : 저의 인생은 **전부 감사뿐**입니다. 저희 가정은 참 힘든 가정이었습니다. 아버지는 거의 알콜중독자 같은 인생을 사셨습니다. 그러니 저희 가정에서 나사렛의 선한 자가 어찌 나올 수 있었겠습니까? 주님께서 부르셔서 저를 믿음의 사람으로 만드시고 저희 가문에 믿음의 씨를 심게 하셔서 가정을 건지시고 복음을 위해서 헌신할 수 있는 사람으로 세워주심에 대해서 감사드립니다.

김 : 하나님의 자녀는 어떻게 되셨는지요?

목 : 저는 시골에 살면서 작은 교회에서 좋은 목사님을 만났습니다. 그분이 전도사님으로 교회에 오셨을 때 여러 학생들이 주님을 만났습니다. 주님을 만나고 난 다음에 저희들에게 영적 훈련을 아주 강하게 시켰습니다. 그러면서 고등학교 2학년때 부흥회에서 은혜를 받았습니다.

교회와 성도들의 삶이 지역에서 선한 영향을 미치려면 정직한 삶을 살아야 됩니다. 우리가 복음을 외쳐도 삶이 정직하지 못하고 진실되지 못한다면 복음의 영향력이 없을 것입니다

김 : 목사님 스스로 교회에 나가셨나요?

목 : 배고파서도 나간 적도 있었고 너무 힘드니까 가서 울기도 했었죠. 늘 교회 옆방의 기도실에 있었고 믿음으로 자라왔습니다.

김 : 그때 울었던 소년의 기도와 눈물을 하나님께서 참 아름답게 받으셨다는 생각이 드는데요, 그때 사연을 나눠주시겠어요?

목 : 하나님을 알지 못하는 가문이 소망이 없다는 것이 많이 힘들었습니다. 그래서 새벽기도를 학생 시절부터 빠지지 않았습니다. 추워도 새벽기도 나가서 늘 기도했습니다. 또 학교를 다니면서 등록금 때문에 많이 힘겨웠고, 늘 기도로 매달렸습니다.

김 : 믿지 않는 부모님 때문에 핍박도 많이 받으셨을 것 같습니다.

목 : 많은 핍박을 받았습니다. 아버지께서 돌아가시기 전까지 매를 맞았으니까요. 밥도 제 때 못먹으니까 어머니께서 너무 안타까워서 옆에 방을 얻어주셨어요. 아버지가 출근하시면 밥상을 몰래 주셨고, 퇴근하시기 전에 밥을 몰래 먹고 저는 그 방으로 가곤 했지요. 알콜중독이셨으니까 집에서 고함만 치면 창문으로 도망갔어요.

김 : 하나님께서 목사님을 구해주셨네요. 지금도 영도 지역에서 목회하시면서 어려운 가정에서 힘들어하고 있는 청소년들을 보면 마음이 아프시죠?

목 : 영도에는 특별히 그런 가정이 많습니다. 가정이 깨어지고 알콜중독도 많이 있고요. 그때마다 제가 찾아가서 이렇게 말씀드립니다. "부모님들은 술이 좋아서 즐기지만 자녀들이 받는 상처는 너무 큽니다. 자녀들이 무슨 희망이 있겠습니까? 자녀들을 위해서 꼭 절제하셔야됩니다." 또 아이들에게도 할 말이 있습니다. 자녀들은 부모를 잘못 만났다고 원망을 하는데 부모 탓이 아닙니다. 하나님을 제대로 만나면 인생에 엄청난 변화가 있고 소망이 있습니다. 제가 자녀들을 만날 때마다 그런 소망을 줍니다. 나도 너처럼 알콜중독자 부모밑에 있었는데, 하나님께서 나를 이끄셔서 이렇게 만들었다고 권면을 합니다.

김 : 아멘, 시골의 교회 목사님께서 많은 젊은이들에게 영향을 주셨다고 말씀하셨는데, 그분 아래서 많은 목사님이 배출이 되셨다고요?

목 : 제가 정확한 숫자는 파악을 못하지만 27명 정도 됩니다. 전국에 흩어져 있죠.

김 : 정말 대단하네요. 그분이 어떤 훈련들을 시켜주셨나요?

목 : 문경 점촌에 계시는 이득남 목사님이신데, 그때 생활비가 없었어요. 시

골에는 사례비가 없으니까 양을 먹였어요. 양젖을 짜서 아침마다 제가 배달해드렸지요. 또 늘 영적인 훈련을 강하게 시켰습니다. 산기도 훈련도 하고요. 산기도 가서 고함 지르고 밤을 새워 기도하고 그랬어요. 그때 하나님의 역사가 있었어요. 그 목사님을 지금까지도 제가 찾아 뵙는데요, 아직도 365일 교회에서 주무세요. 정말 존경합니다.

김 : 목사님, 고난 끝에 하나님을 만나시고 서원하시면서 목회자의 길로 들어서게 되셨는데, 경제적이나 여러 가지 어려움은 계속 되셨을 것 같습니다.

목 : 경제적인 어려움은 말할 수가 없었어요. 제가 신학교 들어갈 때 아버지 몰래 입학했어요. 등록금을 대달라고 그러니까 아버지께서 험한 말을 하시면서 매를 드셨지만 한 학기 등록금은 해주셨어요. 하지만 "너와 나와의 관계는 이것으로 끝이다" 그러셨어요. 그 이후로 아버지께로부터 돈을 받은 일이 없습니다. 모든 것을 하나님께서 공급하셨죠. 어렵게 지내왔지만 하나님께서 누구의 손길을 통해서든지 계속 공부할 수 있도록 해주셨습니다.

김 : 하나님께서 만나와 메추라기로 지켜주셨네요. 기적과 간증으로 하루하루를 지내시고 목회의 길로 들어서게 되셨는데요, 얼마나 많은 간증을 하나님께서 주셨을까 하는 생각이 듭니다.

목 : 제가 부목사로 6년간 있을 때는 부산에 좋은 지역의 교회에 있었는데, 막상 처음 담임으로 간 교회가 부산에서 가장 빈촌이었어요. 교인들은 25명

2005.11.10 남성교회
제2회 하늘가족 우리교회 직교인 여름수련회
남성교회는

정도였습니다. 그리고 매주 조금씩 헌금이 나온대로 사례가 나왔지요. 그런데 1년이 지나면서 하나님께서 복을 부어주시는데 교회가 부흥이 되고 계속적으로 배가 되어가는 엄청난 하나님 축복이 있었습니다. 그런데 어느 시점에 한계를 느끼게 됐어요. 그래서 "하나님, 이 지역에서 교회를 옮기게 하시던지 아니면 우리를 다른 곳으로 옮기게 하시던지 응답해주세요" 하면서 6개월 동안 기도를 했지요. 그리고 6개월이 끝나는 시점에 남성교회로 오게 됐어요. 남성교회가 그때는 참 힘든 교회였는데 하나님이 보내셔서 지금까지 행복하게 목회를 하고 있지요.

김 : 목회하시면서 만남의 축복이 참 많으셨을 것 같아요.

목 : 만남의 복이 너무 중요합니다. 하나님께서 좋은 목회에 기도의 동역자와 헌신된 사람들을 주셔서 탄탄한 목회를 할 수 있도록 복을 주셨습니다. 간증이 있는데요, 이전 교회에서 어렵다가 교회가 부흥되니까 교회 수리도 하고 그랬는데 제가 돈이 있어서 부흥되는지 알고 많이 힘든 일이 생겼어요. 우리딸이 유괴를 당했어요. 힘들었지만 하나님이 잘 위로해주셔서 극복했습니다.

김 : 정말 애가 타셨을텐데, 어떻게 해결이 되셨나요?

목 : 그때 우리 딸이 초등학교 1학년 때였습니다. 지금은 그 아이가 결혼해서 아이를 낳았지요. 제 아내는 이 사건을 말하기를 싫어합니다. 너무 크고 아

픈 상처였기 때문이죠. 어느 월요일 오후 시간에 아이가 유괴를 당했는데, 우리 교회 청년이었어요. 그래서 마음의 상처가 더 컸습니다. 요구를 물어보니까 그때 당시 300만 원의 돈을 달래요. 그래서 경찰에 신고하고 밤 10시에 상황이 급전환되고 우리 아이를 구했지요. 그런데 문제가 우리 상처도 상처지만 이 청년이 구속되어 있으니까 구해야 되잖아요. 그래서 한참을 온 교인이 기도하고 탄원하고, 선처를 바래서 그때 당시 징역 10년형인데 3개월만에 나왔습니다. 지금 어디있는지는 모르지만 하나님 안에서 신앙생활 잘했으면 좋겠습니다.

김 : 정말 하나님이 용서할 수 없는 저희들을 용서해주신 것과 똑같네요.

목 : 용서할 수 있는 마음을 하나님이 안 주셨으면 도저히 못했을 겁니다.

김 : 목사님이 양떼들을 사랑하는 마음을 느낄 수 있는데요. 목회 철학도 나눠주세요.

목 : 첫째는 기도입니다. "기도에는 이유가 있을 수 없다." 이 말을 참 좋아합니다. 그래서 지금도 새벽 3시에 나갑니다. 그래도 기도가 모자라요. 제가 항상 생각하는 것이 우리 성도들이 더 좋은 목사를 만났으면 얼마나 행복할까 하는 마음이 듭니다. 그래서 늘 마음에 짐이 되고 아픔이 되어 기도합니다. 그 다음은 열심히 살자는 생각입니다. 주를 위해서 양떼를 위해서 목회를 위해서 살자. 시간도, 물질도, 모든 면에서 열심히 살려고 합

니다. 그래야 하나님이 복을 주십니다. 성경의 어느 곳을 봐도 하나님은 게으른 자에게 복을 준적이 없습니다. 부지런히 전도하고 헌신하면 하나님이 복을 주실 것을 확신합니다.

김 : 그런데 사람으로써 상상할 수 없는 큰 사랑을 주시는 하나님을 모르고 있는 영혼들이 많습니다. 간절하게 해주고 싶은 말씀이 있다면요.

목 : 저희 교회가 전도를 아주 열심히 합니다. 특별한 간증 하나가 있는데요, 작년에 고신대학 안에 있는 보살이 예수를 믿었습니다. 그래서 절을 다 철수했고요, 금년에는 천리교 신당을 자기 집에 모셔놓고 섬기던 천리교분이 있는데 예수를 믿으셨습니다. 새벽 기도도 잘 나오고 있습니다. 모두 장로님과 권사님이 전도 하셨습니다. 이 땅의 소망은 다른 것이 없고 예수밖에 없습니다. 가난해

도 예수입니다. 병들어도 예수입니다. 번성해도 예수밖에 없습니다. 번성을 지켜가는 비결도 예수밖에 없다고 생각합니다. 청소년들이 나아갈 길도 예수밖에 없습니다. 오직 우리가 줄 수 있는 희망은 예수밖에 없습니다. 그래서 복음을 위해서 교회가 전력을 다합니다. 저희 교회는 삼분의 이가 새신자입니다. 교회 분위기가 새롭습니다. 정말 이 땅이 예수로 충만한 나라가 되어야 하고 영도와 부산이 그리고 한국이 성시화가 됐으면 좋겠습니다.

목 : 저희 교회가 이번에 60주년을 맞이합니다. 그래서 캄보디아에 1000명이 들어갈 수 있는 청소년 센터를 세워서 헌당 예배를 드렸습니다. 그리고 부목사님이 다대포에 개척을 했습니다. 교회는 끝없이 선교하고 전도하는 일을 해야 됩니다. 또 요즘 땅을 달라고 기도하고 있습니다. 우리 교회와 부산, 한국 교회의 미래는 자라나는 아이들을 어떻게 길러내느냐가 좌우한다고 생각합니다. 또 하나는 급속한 고령화 사회 속에서 갈 곳 없는 어른들을 교회가 어떻게 섬겨야 할 것인가 고민하는 것이 사명이라고 생각합니다. 그래서 이 사명을 위해서 협력할 수 있는 동역자들이 필요하다고 생각합니다. 그것을 위해서 기도하고 있고요, 계속적으로 전도하는 교회로 영원히 남기를 소원합니다.

김 : 청소년과 실버 세대에게 희망을 주고 소망을 주는 교회가 될 것으로 믿습니다. 목사님, 열심히 뛰고있는 부산의 성도들에게 해주실 말씀이 있으시다면요?

목 : 연합이 중요합니다. 이단을 대처할 수 있는 길은 연합밖에 없습니다. 개교회가 미치는 영향은 작습니다. 연합밖에 없습니다. 두 번째는 기도밖에 없다고 생각합니다. 부산에 새벽 기도가 살아나야 됩니다. 기도가 살아나면 영적 전쟁은 분명히 승리할 것이라고 확신합니다. 교회가 새벽기도를 세운다면 회복이 이루어집니다. 그리고 교회와 성도들의 삶이 지역에서 선한 영향을 미치려면 정직한 삶을 살아야 됩니다. 우리가 복음을 외쳐도 삶이 정직하지 못하고 진실되지 못한다면 복음의 영향력이 없을 것입니다. 그리고 모든 영혼이 복음의 대상이라는 사실을 잊지 말고 열심히 전도했으면 좋겠습니다.

김 : 오늘 말씀 나누면서 새벽 3시부터 기도해도 기도할 시간이 부족하다고 고백하시는 열정에 감동받았습니다. 앞으로 하나님께서 목사님을 아름다운 일꾼으로 귀하게 사용하실 줄로 믿습니다. 목사님, 감사합니다.

부산은 KTX 의 종착역이 아니라 출발역이다

대연성결교회는 1970년에 4명의 여자 평신도들에 의해 설립되어 지난 40여년간 꾸준히 성장해왔으며 지난 2007년 부산 남구 대연동 지하철 2호선 못골역 4번 출구 바로 앞에 지하 2층, 지상 8층의 현대식 건물로 신축 이전한 이후 괄목할만한 성장을 이루고 있다. 담임목사인 임석웅 목사는 서울에서 청년목회전문사역자로 사역하다 1998년에 부임했으며 사람을 대함에 있어서는 온유하면서도 일에는 열정적이며 부산의 복음화와 교회, 선교단체의 연합을 위해 힘쓰고 있다. 대연교회는 특히 청년들이 많이 모이며 장년부도 젊은 부부의 비중이 매우 높다. 그는 균형 잡힌 목회, 상식적인 목회를 통해 성도들이 교회 생활은 즐겁게, 사회에서는 강력한 리더십을 발휘할 것을 강조한다.

부산은 KTX의 종착역이 아니라 출발역이다

'겸손하되 비굴해지지는 말자,' '담대하되 교만하지 말자'고 항상 기도하며 생각합니다.

김 : 목사님은 청년들을 사랑하는 마음으로, 특히 젊은이들 위한 사역을 열심히 하고 계신데요, 하나님께 감사하는 말씀을 들려주세요.

목 : 정말 하나님의 은혜지요. 제가 청년 시절에 좀 많이 힘들게 보내는 시절들이 있었는데, 그때 누군가 옆에서 조금만 도와주면 훨씬 더 내 인생을 풍성하게 잘 보낼 수 있었겠다 싶은 생각이 있었어요. 예를 들면 넘어진 나무를 일으키는 건 참 힘들잖아요? 그런데 넘어지려고 하는 나무는 옆에서 살짝만 버텨주면 바로 설 수 있습니다. 젊은 시절부터 청년들을 위해서 일해 오다 보니까 지금에까지 온 것 같아요. 순전히 하나님 은혜죠.

김 : 아멘. 대연성결교회는 특별히 매주 젊은이들이 많이 모인다고 들었습니다.

목 : 저희 교회가 사실은 많은 돈을 들여서 지었어요. 그런데 건축하면서 제가 기도하기를 '하나님! 예배 값이 싸게 해 주십시오.' 그런 기도를 드렸는데, 무슨 뜻이냐 하면은, 저희 교회는 '할 수 있으면 일년 내내 예배

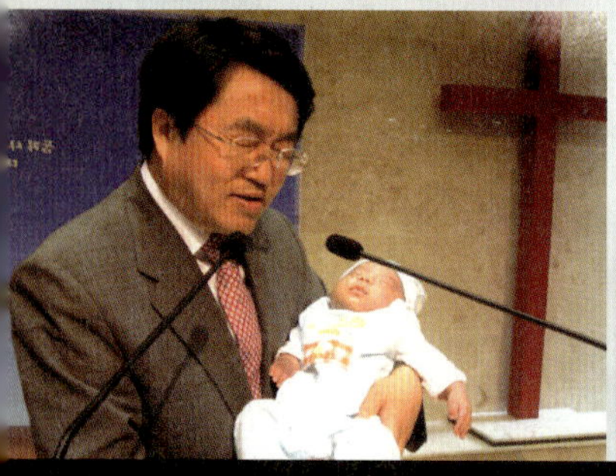

부산역은 KTX의 종착역이 아니라 KTX의 출발역입니다. KTX에 복음을 품은 청년들을 실어 가지고 대구, 대전, 서울, 개성, 평양, 신의주, 모스크바, 베이징으로, 하나는 예루살렘까지 하나는 베를린, 런던까지 이렇게 전 세계를 복음화 시키는 시발점이 부산이면 좋겠습니다.

가 있게 해 주십시오.' 그렇게 기도를 했는데, 고맙게도 이제 선교 단체의 월드 미션 찬양 집회가 매주 화요일 저녁마다 열리고 있고, 수요일은 성도들이 기도 모임을 갖고 있고, 목요일은 해운대 집회때 찬양 인도했던 어웨이크 닝팀이 주관하는 경배와 찬양 집회, 또 금요일은 CCC 대학생 선교회 부산 전체 모임이 있습니다. 그래서 일년 365일 젊은 친구들이 북적대는 교회입니다.

김 : 좋습니다. 목사님, 그런데 젊은 시절에 힘드셨다고 들었는데요.

목 : 제가 구원의 확신을 갖게 된 것도 그렇고, 목회자의 길에 들어서게 된 것도 다 그런건데, 저는 아버지께서 목사님이셨어요.

장남으로 제가 컸는데, 고3 때에 저희 아버지께서 저를 불러서 말씀을 하시더라고요. "네가 장남인데 아버지 뒤를 이어서 목회를 좀 해보지 않겠느냐?" 그런데 제가 일언지하에 거절을 했어요. 참 바보 같은 짓이었는데, 저희 아버지 시대만 하더라도 목회가 참 힘들었잖아요. 그래서 거절하고 공대를 갔어요. 근데 제가 대학 1학년 때 아버지께서 교회 건축을 하시다가 한 달 만에 마흔세 살의 나이로 갑자기 돌아가셨어요. 저는 졸지에 가장이 되고, 아버지께 물려 받은 거는 건축 헌금 약정한 거 빚으로 물려 받아서 부조금 들어온 것으로 건축 헌금 하고, 참 어렵게 살았어요.

그래서 하나님에 대한 반항이 시작됐죠. 하나님이 계시다면 목사가 왜 교회 건축하다가 갑자기 죽고 우리는 밖에 내몰리게 되나, 이런 마음에 교회도 안 나가고 그래서 그때 좀 막 살았던 시절들이 있었어요 그런데 한 일 년 정도 그렇게 지내다가 제가 혼수상태에 빠진 일이 있었어요. 삼일 만에 깨어나면서 옆에 우연히 있는 성경책을 집어 들었어요. 그때 펼친 게 요한복음이었어요.

물론 저는 어릴 적부터 교회를 다녔으니까 제가 하나님의 자녀라고 하는 걸 의심해 본 적은 없었어요. 근데 그 시절만큼은 하나님께 대한 반항하는 시절이었었는데, 바로 요한복음을 보면서 예수님을 인격적으로 다시 만나게 된 거죠. 그리고 그때 깨달은 게 하나님께 반항한다고 해봤자 나만 손해고 하나님께 돌아가야겠다. 그래서 마음을 고쳐먹고 앞으로 내 인생을 어떻게 살아야 될까 고민을 하게 됐는데, 차갑고 딱딱한 기계를 다루는 것보다는 저처럼 방황하는 청년들을 돕고, 사람을 섬기는 일을 해보면 좋겠다는 생각이 들었습니다. 그때 아버지께서 내 뒤를 이어서 목회하지 않겠느냐 말씀하신 게 떠오르더라고요. 그래서 학교를 그만두고 신학대학에 편입을 하고, 그때부터 계속 청년들한테 관심을 갖고서 오늘까지 오게 된 거죠.

김 : 네. 담담하게 지금 말씀을 하셨지만, 그때 현실이 너무 힘들었을 것 같다는 마음이 드네요.

목 : 쌀 두 되씩 사러 간다든지, 새끼줄에 연탄 두 장씩 사가지고 온다든지 이럴땐 많이 서글프고 서러웠죠.

김 : 그런 어려움을 겪었기 때문에 지금의 청년들을 바라보는 목사님의 가슴은 한없이 넓을 거란 생각이 들어요.

목 : 그때 참 힘들었었는데, 목회를 할수록 하나님께 감사해요. 가끔 저는 주일에 헌금 기도 하다가 많이 울어요. 우리 성도들이 목사님 이제 그만 좀 우시라고 하죠. 형편이 어려운 성도들이 하나님 앞에 예물을 드리면 그 심정이 헤아려지더라고요. 아마 제가 자랄 때 유복하게 자란 후 아버지 돌아가시고 나서 어려운 시절을 겪지 않았다면, 어려운 성도들을 이해 못했을 거고, 지금은 청년들 만나서 상담할 때마다 자신있게 이야기할 수 있어요. '목사님도 이런 시절이 있었다. 그때 하나님 바라보면서, 이렇게 올 수 있었다. 너도 충분히 할 수 있다.' 이렇게 그 아이들을 격려할 수 있는 좋은 소스를 하나님께서 제게 주신 거란 생각이 듭니다.

김 : 아멘, 지금 부산이 연합이 잘 되고 있는데요, 연합에는 청년들의 기도와 모임이 도화선이 됐다고 들었거든요,

목 : 그 스토리가 좀 있어요. 서울에서 청년 사역을 하는 신실한 목사님들 몇 분이 평양 대부흥을 소망하는 마음이 생겨났었어요. 2004년 성령 강림절에 장충 체육관에서 철야 집회를 했는데, 그때 서울 시장이셨던 이명박 장로님께서 서울시를 봉헌한다 해서 이슈가 됐었는데, 하나님의 뜻이었어요. 그게 이슈가 되다 보니까, '어게인 1907'이라고 하는 평양 대부흥 운동을 다시 한 번 일으키자는 운동이 많이 알려지게 된 겁니다. 그래서 그 운동을 2005년도에 전국적으로 하자 해서 부산에도 오셨어요. 찾아 오셨길래, "부산은 기독교 인구가 많지 않기 때문에 대형 집회를 열 수 없습니다. 서울에서 연합해서 내려오면 내년쯤 해볼 수 있도록 노력하겠습니다" 하고 2005

년도는 거절했는데, 2006년도 3월에 이분들이 연합해서 내려오신 거예요. 부산서도 해야 된다고요. 그래서 부전교회에서 연합 사역을 하는 분들을 갑자기 모았는데, 석 달밖에 남지 않았었어요. 6월 4일이 2006년 성령강림절이니까요. 그러다가 얼떨결에 제가 '어게인 1907' 부산 대표 섬김이를 맡고 처음에는 KBS홀을 빌려서 하려고 했었어요. 근데 부산 지역 청년담당 부목사님들이 그런 말씀을 하시더라고요. "이왕 할거면 부산을 대표하는 건물을 빌려서 하십시다." "그게 뭔데요?" 그랬더니 "벡스콥니다." 좌석도 돈도 문제였어요. 벡스코는 선불해야 되는데, 사용료 입금날까지 이백만 원밖에 없었어요.

그래서 청년 담당 목사님들한테 카드 다 갖고 와서 긁어서라도 하자 그랬는데, 다음날 그 계약금이 채워지고, 집회 끝나고도 재정이 남았습니다. 또 2006년 6월 4일날 벡스코에서 청년들이 저녁 9시부터 다음날 새벽 4시까지 철야로 기도하는데, 당시 좌석을 8천 석을 준비했어요. 그런데 시작 전에 좌석이 다 차서 바닥에다 스티로폼 깔고 12,000명이 들어오고, 못 들어오신 분이 밖에서 영상으로 한 3천 명 예배드리면서, 15,000명이 모이는 기적이 일어났죠. 그걸 계기로 해서 2007년도에 해운대 집회가 있게 되고, 2008년도에는 어웨이크닝으로 해운대에서 부흥 집회가 있게 됐었죠.

김 : 하나님께서 앞으로도 부산을 크게 들어 쓰실 줄로 믿습니다.

목 : 저는 부산에서 사역하면서 늘 이야기하는데, 세계 복음화, '백 투 더 예루살렘', 그리고 복음이 예루살렘까지 가면 예수님이 오신다고 하는데 시작

가끔 주일에 헌금 기도 하다가 울어요. 형편이 어려운 성도들이 예물을 드리는 심정이 헤아려집니다. 제가 아버지 돌아가시고 나서 어려운 시절을 겪지 않았다면, 어려운 성도들을 이해 못했을 겁니다. 모든 것이 감사입니다.

점이 어딜까, 저는 부산이라는 믿음을 가져요. 그래서 이야기를 합니다. '부산역은 더 이상 KTX의 종착역이 아니라 KTX의 출발역이다. KTX에 복음을 품은 청년들을 실어 가지고 성령의 불을 당겨서 대구, 대전, 서울, 개성, 평양, 신의주 그렇게 해서 모스크바로, 다음에 베이징으로, 하나는 예루살렘까지, 하나는 베를린, 또 런던까지 이렇게 해서 전 세계를 복음화시키는 시발점이 부산이면 좋겠다.' 이런 이야기를 늘 하지요.

김 : 아멘, 아버님이 원하시던 아름다운 목회자가 되셨는데요, 어떤 목회를 하고 싶으신지요.

목 : 목사 안수를 받으면서, 목회를 어떤 자세로 해야 될까 기도하면서 몇가지 생각한 것들이 있는데, 이런 거였어요. '겸손하되 비굴해지지는 말자.' 종종 겸손을 가장한 비굴함이 있을 수 있다는 것이고요, 또 '담대하되 교만하지 말자.' 담대한 것으로 포장된 교만이 있다는 거죠. 목회하다 보면 권세 있는 사람, 부한 사람, 어려운 사람, 이런 다양한 계층의 사람들을 만나는데, 세상적으로 대단한 사람을 만나도 절대 비굴해지지 말고, 아무리 힘없고 약한 사람을 만나도 교만하지 않는 겸손한 목회자가 되면 좋겠다 생각했었고, 또 이런 기도를 했어요. '하나님, 목회하다 보면 의견 충돌들도 있을텐데 평생 목회하면서 혈기 부리지 않게 해 주십시오.' 그런데 감사하게도, 지금까지 혈기 부릴 수밖에 없는 상황들이 왜 없었겠어요. 그런데 그때마다 그 생각이 나더라고요.

지금까지 잘 그렇게 해 왔는데, 앞으로도 평생 혈기를 한 번도 안 부리고 목회하면 좋겠다는 생각이 있어요. 또 하나는 '최대한 정직하자.' 일이 꼬일수록 정직한 게 문제를 해결할 수 있는 제일 좋은 길이라고 생각합니다. 또 하나는 정말 소외된 사람, 어려운 사람을 예수님의 마음으로 섬길 수 있기를 늘 마음에 생각하고 목회하려고 하는데, 그래도 많이 부족합니다.

김 : 자상하고 따뜻해 보이시는 목사님이 혈기에 관한 기도를 하셨다니 상상은 안되지만, 아마 하나님께서 평생 그 기도 제목을 응답해 주실 줄로 믿습니다. 목사님의 비전과 기도 제목을 나눠 주세요.

목 : 저의 섬김과 헌신을 통해서 한 영혼이라도 더 구원 받을 수 있으면 좋겠고, 영혼들이 하나님의 말씀으로 다스림을 받아서 일하는 직장이나 가정에서 하나님의 나라가 이뤄지는 게 비전입니다. 기도 제목은 부산 땅에서 목회를 하고 있으니까 부산이 빨리 복음화 되면 좋겠고, 부산이 하나님의 축복을 받는 살기 좋은 도시가 되고, 부산에 있는 1,500여 개의 교회, 온 성도들이 한 영혼을 전도해서 20%, 30%의 복음화를 속히 이뤘으면 합니다.

김 : 아멘. 목사님의 인생을 바꿔 놓으시고 인도하신 하나님을 모르고 살아가는 영혼들에게 이제 결단하시라고 한 말씀해 주셨으면 좋겠습니다.

목 : 사람과 짐승의 차이점은 생리적으로는 많이 비슷해요, 하나님이 다 만드신 창조물이기 때문에. 그런데 사람과 짐승을 구분 짓는 건 영혼이 있느냐 없느냐 하는 문젭니다. 그래서 많은 사람들이 육체적인 부분, 정신적인 부분

이 만족되면 행복해질 줄 아는데, 사람은 영적 존재이기 때문에 영혼의 부분이 만족되지 아니하면 절대 평안해질 수 없습니다. 근데 영혼의 부분은 영적인 존재에 의해서 만족되어지는 것이지, 물질적인 거나 정신적인 것으로는 영적인 욕구를 만족시킬 수가 없는 거지요. 그 영적 욕구를 잘 만족시켜야 되는데, 잘못된 영적 만남을 갖게 되면 마귀에 의해서 죄 가운데서 살게 되기도 합니다. 그리고 영적 만남을 못 가지면 아무리 열심히 살아도 인생이 허무해집니다. 그래서 저는 하나님을 모르는 분들이 진정으로 하나님을 만나서 **영적인 만족함을 얻고,** 한 번 사는 인생, 길지 않은 짧은 인생인데, **영혼이 행복해지므로** 범사가 잘 되고, 그것들을 누리며 살면 좋겠습니다. 정말 예수님 믿으면 참 좋습니다. 예수님 꼭 믿어 보시고, 가까운 교회에 이번 주부터라도 꼭 가시기 바랍니다.

김 : 아멘, 모두 살아계신 하나님께 다가오시기 바랍니다.

푸른 나무처럼 건강한 우리 청년들을 더욱 든든하게 세우는 멋진 목사님 되시기 바랍니다. 목사님, 감사합니다.

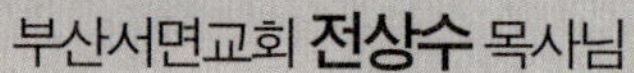

생명, 치유, 감동, 비전

1951년 부산상고 옆에 세운 천막교회로 시
작한 부산서면교회는 현재 부산의 중심인
부산 진구 당감2동 서면에 자리 잡고 있다.
현재 전상수 목사님이 담임하고 있는 가운
데, 생명, 치유, 감동, 비전을 골자로 하는
사역으로 교회 목양과 지역 사회 봉사를 다
양하게 이루어 가고 있고, 성도들이 열정과
한마음으로 하나님을 섬기고 있다.

예수님이 살아계시고 복음이 전해지고 있는 이상, 사람들에게는 희망이 있습니다.

김 : 목사님은 어떻게 하나님을 알게 되셨는지 참 궁금합니다.

목 : 저는 모태 신앙이었습니다. 그러나 제가 인격적으로 하나님을 알게 된 것은 스무 살 때 어느 기도원에서 기도하고 성경을 읽는 가운데 구체적으로 하나님을 알게 되었습니다.

김 : 기도원에 가신 특별한 사연이 있으셨나요?

목 : 이거 비밀인데, 하하… 제가 청소년 시절에 방황을 했었는데요, 군에 입대하기 전에 기도원에서 하는 부흥회에 어머니와 함께 참석했다가 밤에 성도들이 산에 올라가는 것을 안내하는 자원봉사를 했습니다. 산 정상에서 그분들이 흩어져서 바위에서 기도하며 찬송하고 있는 동안 저는 한쪽에 앉아서 시가지의 야경을 내려다보고 있었습니다. 그러나 마음으로는 기도하고 찬송하는 그분들이 신기했고 부럽기도 했습니다. 그래서 바위 위에서 찬송하고 있는 두분에게 다가가서 "어떻게 기도합니까?"라는 질문을 드렸지요. 그 질문이 하나님을 구체적으로 인격적으로 만나게 되는 전환점이었습니다. 하나님이 살아계시는 것을 알게 되자, 하나님에 대한 갈증으로 그냥 지

비전을 "생명, 치유, 감동, 비전" 이 네 가지 영역으로 구체화 시켜가고 있습니다. 이 네 분야가 효과적으로 시행될 수 있도록 교회의 시설도 활용하고 인재를 세우고 필요한 사역을 개발하는 활동을 열심히 전개하려고합니다.

낼 수가 없더군요. 며칠 밤을 산 정상에 올라 기도하는 동안 낮에는 성경을 읽었습니다. 집중하고 몰두한 며칠이었습니다. **성경을 읽는 것이 그렇게 재미있을 수가 없더군요.** 그런 후로 하나님의 존재하심과 내가 하나님의 자녀라는 사실이 너무 자연스럽게 받아들여졌습니다. 그것이 내 삶의 출발선이요 기초가 되었습니다.

김 : 참 중요한 시기에 하나님께서 불러주셨는데요, 그때 목회자가 되는 것을 진지하게 고민하셨습니까?

목 : 그 당시 하나님을 위해서 무엇인가를 하고 싶다는 생각을 해보았지만 목회자를 결부시켜서 생각하지는 않았습니다.

김 : 그러면 어떻게 하나님께서 인도하셨습니까?

목 : 군복무를 마친 후에 하나님을 만났던 그 기도원을 다시 갔습니다. 사회 생활을 어떻게 시작할지 생각하면서 기도하는 가운데, 나를 구원해 주신 하나님의 은혜와 나 같은 것이 하나님의 은혜를 누리며 살 수 있다는 사실이 너무 감격스러웠습니다. 두려울 것도 없었습니다. '무엇을 먹을까 무엇을 입을까'를 고민하던 것에서 **'어떻게 하나님께 영광이 되는 삶을 살까'** 라는 주제로 바뀌더군요. 내적인 감동과 흥분이 있었습니다. 모든 것을 하나님께 드리고 싶은 열망을 목이 터지도록 부르짖는 기도와 찬송으로 표현했죠. 기도원을 내려 온 후, 새벽 기도에 매일 참석했습니다. 수개월 동

안 큰 은혜를 누리면서 열정과 흥분은 헌신을 위한 고민으로 발전되더군요. 개인적으로는 가장 원색적으로 그리고 가까이에서 주님을 위해 살고 싶은 마음이 간절해지고, 사회를 위해서는 사람들이 복음을 듣고 하나님의 사랑을 누리며 살 수 있도록 도움을 주는 삶을 살고 싶었습니다. 새벽 기도 마다 **간절하게 기도하던 그 소원이** '목회자가 되어야겠다' 는 결심으로 구체화되었지요.

김 : 그때 하나님께서 말씀으로 확신을 주셨던 것 같은데요, 어떤 말씀이셨는지요?

목 : 그때 말씀의 확신은 이사야서 40장 10절입니다. 제 삶의 근거를 보여주고 확신할 수 있도록 해주었습니다. "두려워하지 말라 내가 너와 함께 함이라 놀라지 말라 나는 네 하나님이 됨이라 내가 너를 굳세게 하리라 참으로 너를 도와주리라 참으로 나의 의로운 오른손으로 너를 붙들리라." 이 말씀에 근거하니까 목회자의 인생을 살려는 결심에 대해서 말로 형용할 수 없는 자신감이 생기더군요.

김 : 그런데 사춘기 시절에 방황을 하셨다고 했는데 어떤 방황을 하셨을까요?

목 : 초등학교 6학년 때부터 가정이 경제적으로 너무 힘들었어요. 고등학교 졸업할 때까지 공납금을 제때에 내본 적이 없었죠. 당시에는 공납금을 제때에 내지 않으면 어떤 담임선생님은 학급 조회 시간에 일으켜 세우거나 불러

내서 벌을 세우기도 했습니다. 어떤 경우는 교실에서 쫓겨나기도 했습니다. 그런 불공평한 취급을 계속 당하게 되니까 어린 나이에 반항심이 꽉 차더군요. 그렇게 해서 탈선의 생활이 시작되고 학교에서는 '건드려서 좋을 것 없는 문제아'로 낙인찍히고, 학교 밖에서는 비행 청소년으로 지냈지요. 그런 생활이 계속되자 어머니는 힘들었지요. 가난 때문에 자식을 탈선하게 만들었다는 죄책감과 교회와 상관없이 생활하고 있는 자식을 보는 안타까움 때문에 어머니가 많은 기도를 했습니다. 저의 고등학교 졸업장은 어머니 것과 마찬가지입니다. 군 입대하기 직전 기도원에서 주님을 인격적으로 만나고 방황이 끝나게 된 것은 하님께서 어머니를 불쌍히 여기시고 베풀어 주신 은혜라고 믿습니다.

김 : 혹시 하나님을 원망하고 그러시지는 않으셨는지요.

목 : 제가 소위 말하는 모태 신앙이고, 어릴 때 가정에서 받은 신앙양육과 주일학교에서 교육받으며 자라는 과정에서 제 마음에 하나님의 존재에 대한 믿음의 씨앗이 심어져 있었습니다. 방탕하게 생활하면서도 함께 있는 친구

들이 교회를 욕하거나 교회에 해를 입히는 행위를 하려고 하면 제가 막던지, 아니면 그 자리를 피했습니다. 어려워도 하나님을 원망한 적도 없었고, 오히려 어린 시절 배운 결과였던지, 하나님의 존재를 인정하고 가끔 주일학교에서 부르던 찬송을 새겨 보기도 했습니다.

김 : 목사님이 돌아오셨을 때 하나님께서 기쁘셔서 천국 잔치를 하셨을 겁니다. 이제 만남의 축복에 대해서 말씀 나누겠습니다.

목 : 제 삶을 복되게 만들어 준 좋은 만남이 많습니다. 오늘 특별히 소개하고 싶은 만남은 제가 대구에서 목회할 때 봉사하는 여성도들이 교회 주변의 독거노인들을 돕는 봉사를 했습니다. 그중에 한분이 유방암에서 시작된 골수암을 항암 치료하고 병원에서 '깨끗하다'는 결과를 듣고 퇴원한지 약 1개월 정도 지났는데요, 입원하기 전에 활동하던 봉사팀에 다시 합류를 했습니다. 그 팀은 아무리 더워도 약속대로 봉사하는 신실한 팀이었습니다.

7월 말 무더운 어느 날, 교회 사무실로 가는데 교회 현관에 사람이 쓰러져 있는 것이 보였습니다. 급하게 가보니 그 팀 전원이 바닥에 드러 누워 있었습니다. 그런데 그 중에 두 분이 얼굴이 창백한 겁니다. 불볕 더위에 다니면서 너무 일을 해서 더위를 먹었다는 것입니다. 그 중에 한 분이 최근까지 암 치료 받고 나온 분이었습니다. 그렇게 성실하게 봉사하고 즐겁게 생활했는데, 정기 검진 받으러 간 어느 날, 그 팀원 중의 한 분에게서 전화가 온 것입니다. "목사님, 정집사 암 재발 되었다는 진단 받았습니다." "정집사님 어디 있소?" "지금 의사와 치료 문제 의논하려고 진료실 앞에 있습니다." 바로 찾아

가서 진료실에서 만났죠. 뭐라고 말할 수가 없더라고요. "정집사요, 미안하요. 힘내소.""괜찮심더. 목사님, 염려하지 마이소." 그리고 치료를 위해서 입원했는데, 재발된 암세포가 급속도로 뼈에 확산되어서 약 2개월 만에 임종했습니다. 임종 며칠 전에 병상에서 믿음의 작별을 나누었습니다. 병상에서 그분의 손을 잡고 기도하는데, 얼마나 눈물이 나던지, 콧물까지 함께 흘러내려서 감당이 안 되었습니다. 그때는 하나님께 원망 아닌 원망을 했습니다. "이런 교인을 이런 식으로 데려 가시면, 어떻게 목회하라고 그러십니까?" 기도를 마치고 난 후, "정집사요, 잘 가소. 고생만 시켜서 미안하요. 먼저 가서 주님과 함께 기다리소. 맡은 일 다 마치고 나도 갈거요. 그때 또 만납시다.""목사님, 괜찮심더. 그리고 미안합니다. 교회에 덕이 되지 못해서 미안합니다." 믿음의 작별을 나누면서 서로 눈물을 흘렸습니다. 그분 시신을 화장터로 보내기 전에 저는 교인들과 함께 "나의 힘이 되신 여호와여"를 목청껏 찬양했습니다. 그분과 함께 새벽 기도회 시간에 즐겨 부르던 찬양이었습니다.

김 : 목사님 맘이 많이 아프셨겠어요.

목 : 많이 아팠지만 한편으로는 많은 위로을 받았습니다. 하나님을 위해서 말 그대로 생명 내놓고 헌신하는 현장을 목격했고, 그렇게 헌신하는 착한 교인들이 나와 함께 있다는 사실을 확인해준 만남이기 때문이지요.

김 : 그럴 때마다 목회자의 보람도 느끼시죠.

목 : 그렇죠. 저는 만남을 통해서 목회자의 보람을 느낍니다. 만남 중에는 괴로운 만남과 은혜로운 만남 두 가지가 있는데, 저에게는 두 가지 다 필요합니다. 괴로운 만남을 통해서는 제 목회자로서의 그릇이 부족한 점을 알게 되고, 더 배우고 균형을 잡을 수 있는 도움을 얻습니다. 은혜로운 만남은 제게 지쳐 쓰러질 수 있는 '로뎀 나무 아래'와 같습니다. 거기서 하나님께서 떡과 물을 먹여 주셔서 다시 일어나게 하는 것을 경험합니다. 은혜로운 만남에서 얻는 위로와 격려는 정말 소중하지요.

김 : 아멘, 멋지신 하나님을 모르는 분들에게 꼭 하실 말씀이 있다면요?

목 : 제가 구원을 모르는 분들에게 꼭 말해주고 싶은 것은 예수님이 길이고 진리이고 생명이라는 진리입니다. 예수님이 살아계시고 그분에 관한 복음이 전해지고 있는 이상, 사람들에게는 희망이 있습니다. 깨닫지 못하고 믿지 않기 때문에 문제가 될 뿐이지 주안에서 새로운 인생을 살 수 있는 길이 없는 것이 아닙니다. 그러니 어떤 어려운 상황에서도 자신의 인생을 무가치하게 여기거나 스스로 버리지 말고, 행복한 인생을 추구하는 의욕을 포기하지 마십시오. 예수님을 만나서 그분을 구세주로 영접하기까지가 문제일 뿐입니다.

김 : 목사님, 비전을 말씀해주십시오.

목 : 저는 예수님의 복음이 인생 문제의 절대 해답이라고 믿습니다. 왜곡되지 않은 순수한 복음, 예수가 길이고 진리고 생명임을 말하는 이 복음이 인간이 가지는 희망의 근거요 성취의 해답이라고 믿습니다. 그래서 이것을 삶의 현장에서 사람들에게 효과적으로 전달하는 것이 비전입니다. 이 사역 비전을 "생명, 치유, 감동, 비전"이라는 네 가지 영역으로 분류해서 구체화시켜가고 있습니다. 생명은 사람을 살리는 복음 전파에 집중하는 사역 분야이며, 치유는 일상적인 생활과 영성을 고양하는 생활이 균형을 잡도록 돕는 사역이며, 감동은 언제나 삶을 목표 지향적으로 움직이도록 해주는 동기를 부여해 주는 사역이며, 비전은 그리스도인으로서 영향력 있는 삶을 설계하고 그것을 이루고자 뜻을 정하여 살도록 돕는 사역입니다. 사역의 네 분야가 효과적으로 시행될 수 있도록 교회의 시설도 적절하게 활용하고 인재들을 세우고 필요한 프로그램들을 개발하는 활동을 활발하게 전개해가려고 합니다.

김 : 아멘, 낮은 곳에 임하시는 예수님의 사랑을 실천하고 기본을 지키는 아름다운 목회를 앞으로도 기대하겠습니다. 감사합니다.

6th PUSAN International Film Festival

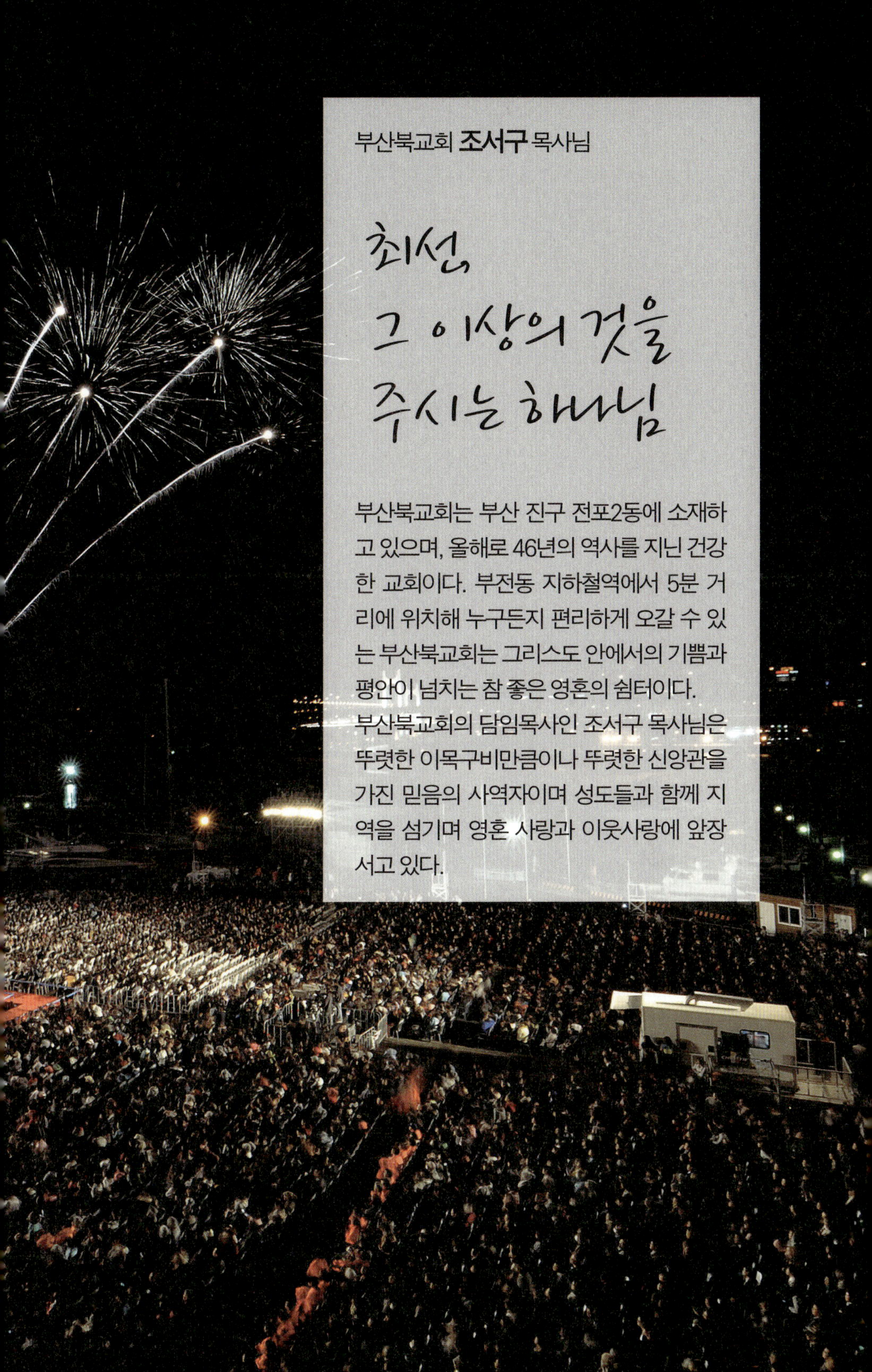

부산북교회 **조서구** 목사님

최선
그 이상의 것을
주시는 하나님

부산북교회는 부산 진구 전포2동에 소재하고 있으며, 올해로 46년의 역사를 지닌 건강한 교회이다. 부전동 지하철역에서 5분 거리에 위치해 누구든지 편리하게 오갈 수 있는 부산북교회는 그리스도 안에서의 기쁨과 평안이 넘치는 참 좋은 영혼의 쉼터이다.
부산북교회의 담임목사인 조서구 목사님은 뚜렷한 이목구비만큼이나 뚜렷한 신앙관을 가진 믿음의 사역자이며 성도들과 함께 지역을 섬기며 영혼 사랑과 이웃사랑에 앞장서고 있다.

최선, 그 이상의 것을 주시는 하나님

이 땅에 사는 삶은 길어봐야 백년 안쪽인데, 이후에 예수 믿어서 얻는 영생은 영원입니다.

김 : 목사님은 모태 신앙이신지 아니면 나중에 믿으셨는지요?

목 : 저는 태어나면서부터 시골 교회 마룻바닥에서 뛰놀면서 자란 모태신앙입니다. 하나님께 큰 감사제목입니다.

김 : 목회자가 되시기까지 하나님의 특별하신 인도하심이 있었을 거란 생각이 들어요.

목 : 제가 목회를 하게 됐다는 것은 상상도 못할 일이었고 저의 계획과는 상관이 없는 일이었죠. 저 같은 사람을 하나님께서 목회자로 세우시기 위해서 하나님께서 하신 일 자체가 정말 놀라운 거예요. 있을 수 없는 일을 통해서 목사로 삼으셨는데, 특별하게 역사하신 과정들이 있었습니다.

제가 청년 때에 총각 집사로 있었는데요. 그러니까 아마 목사님들이 잘 보셨던 것 같습니다. 열심히 잘 섬기고 있는데, 자꾸 저를 보고 하시는 말씀이 주위에서도 그렇고 신학을 해야 된다는 겁니다. 정말 부담도 되고 너무 싫었어요. 너무 목사님이 그러시니까 싫어서 교회를 옮겨 버리기까지 했어요. 그런데 교회를 옮기고 삼 개월 정도 지나니까, 환상을 보는 교역자들이 저보고 또 신학을 해야 된다 그러는 거예요. 나중에는 저한테 영적인 눌림이 돼서 견딜 수가 없는 거예요. 그래서 정말 하나님께서 부르신다면, 하나님 뜻이 계시다면 다른 사람들을 통해서 자꾸 그렇게 콜링하는 것이 아니라 정말 하나님이 쓰시겠다면, 나한테 직접 무슨 징조를 보이든지 해야 되지 않느냐 하고 담판을 한번 지어보자 하고 오산리 금식 기도원 굴에 들어가서 일주일 동안 금식을 했죠. "하나님, 정말 저를 쓰시겠다면, 뭘 보여주십시오. 환상을 보여주시든지, 음성을 들려주시든지 그런게 있어야 결단을 하던지 해야 되지 않겠습니까?" 금식하면서 부르짖으며 일주일 동안 열심히 기도했어요. 그런데 저의 눈에 보이는 것은 캄캄한 굴에 거적데기밖에 안 보이고, 냄새는 곰팡이 냄새밖에 안 나고 들리는 것은 옆에서 고함지르면서 기도하는 소리밖에 안 들리고. 하나님께서 도대체 나를 쓰시겠다는 것이 맞는 것인가, 아니다 하고 내려왔죠. 그런데도 불구하고 억압은 계속 되는 거예요. 견딜 수가 없었죠. 그러다가 외적인 콜링이라는 것도 무시할 수는 없지 않느냐 하는 마음이 들었고 또 겁도 나는 거예요. 계속해서 자꾸 도망가면은 하나님께 매맞는다는 그런 말도 생각이 나고요. 그래서 친한 목사님들한테 신학을 하려면 어떻게 할까 하고 물었는데, 그때 벌써 삼십이 넘었으니까 대학을 가서 정상적으로 공부한다는 것은 불가능했습니다.

김 : 그렇지요, 젊은 사람도 다시 공부하기가 어려운데요.

목 : 네, 책을 손에 놓은 지 벌써 십 년이 지나버렸는데, 정말 하나님께서 나

늦은 나이에 겨우 들어간 신학대학을 수석으로 졸업했을 때, 나의 실력으로 하는 것이 아니라는 것을 철저하게 깨닫고 시작하게 하셨습니다.

를 원하신다면, 그렇다면 증거를 보여 주시옵소서하고 기도했지요. 그리고 아내와 첫째 아이를 데리고 부산으로 무조건 내려 온 거예요. 8월 15일날. 그 당시 예비고사는 11월 20일에 있었습니다. 그동안 공부해 가지고 대학을 입학한다는것은 불가능이었습니다. 먹고 살아야 되니까 집사람이 피아노를 가르쳐서 방 얻고, 한 달이 그냥 지나가 버렸죠. 한달 조금 남기고 책을 좀 보려고 하니까 그게 들어갑니까? 저는 이제 하나님께 항의하는 거죠. '하나님의 뜻이라면 하나님께서 기적을 보여 주세요.' 그렇게 해서 영도에 신선여중에서 시험을 치르는 데, 밖으로 영도 앞바다가 출렁출렁하고 저쪽에 영락교회 십자가 종탑 두 개가 딱 보이더라고요. '하나님 내가 왜 여기에 앉아 있습니까?' 하는 생각이 들었어요. 드디어 시험지가 배부가 되잖아요? 까만 건 글씨고 흰 건 종이였죠. 어쨌든 제가 제일 먼저 쳤어요. 1번 '하나님, 아시지요? 몇 번 할까요? 하나님 대답 없으시네요? 그럼 내 맘대로 하겠습니다.' 3번. 이런 식으로 했으니 시험이 어려운 건 하나도 없었어요. 시험을 마치고 투덜투덜 집으로 돌아오는데, 기가 막힌 거죠.

나중에 점수가 나왔는데요, 그래도 내가 생각한 것보다는 훨씬 많이 나온 거예요. 그리고 그 당시에 뭘 만들었냐면 졸업정원제라는 것을 만들었어요.

김 : 하하 그 당시 대학입학생을 정원에서 30%를 더 뽑았죠.

목 : 네, 면접을 보는데, 면접관이 얼굴 한 번 보고, 나이 보고, 점수 보고 하시는 말씀이 '합격해도 졸업은 못 하겠네' 해서 떨어진 줄 알았죠. 그런데 놀랍게도 30% 더 뽑는 바람에 합격했다는 거 아닙니까? 또 다음 해에 졸업정

원제가 없어져 버렸어요. 나라의 정책도 바꾸시는 하나님이십니다. 하하…
그렇게 해서 학교에 들어갔는데, 더 심각하죠. 영어책을 펴면 처음부터 끝까
지 단어를 다 찾아야 되요. 그게 얼마나 고통스럽겠어요. 다른 공부도 해야
되는 데. 그게 스트레스가 얼마나 되던지, 대학에 들어가서 한 6개월 동안 밥
을 제대로 못 먹었어요. 그러니까 기도 제목이 어떻게 바뀌느냐 하면 '합격
시켜 주셨으니까 주님의 뜻인줄로 알고 있겠습니다. 그런데 이제 공부를 해
보니까 이게 아닙니다. 졸업만 시켜 주시면 하나님 뜻으로 알겠습니다. 그리
고 최선을 다하겠습니다.' 이렇게 하고 공부를 해 나갔어요. 다른 학생들 1
시간 공부할 때에 나는 6시간, 7시간 이렇게 해도 안 되기 때문에 열심히 공
부했죠. 그리고 졸업 때가 되서 졸업 사정을 교수회에서 하지 않습니까? 학
교 교무처에서 연락이 왔어요. "조서구씨?" "네, 어쩐 일이십니까?" "수석 졸
업입니다." 이렇게 통보가 왔어요.

그때 전국의 대학 수석 졸업자는 대통령이 청와대에 초청해서 밥을 주시더
라고요. 허리가 다 구부러지고 백발이 되신 어머니와 함께 청와대에 가서 앉
았는데, '하나님 감사합니다' 이 말이 안 나와요, '하나님 참 두렵습
니다.' 최선, 그 이상의 것을 주시는 하나님! 이제 정말 하나
님 앞에 신실하게 살아야되는데, 내가 나를 잘 알잖아요? 내 힘으로, 내 실력
으로 되는 것이 아니라는 것을 철저하게 깨닫게 해 놓으시고 저를 이렇게 시
작하게 하셨던 것 같아요.

김 : 아멘. 목회하시면서 겸허하게 하나님 말씀을 받고 하나님께 비춰본 일들이 많이 있으셨죠. 나눠주시면 은혜가 되겠습니다.

목 : 제가 목회를 하면서 굉장히 개인적으로 어려웠던 적이 있었어요. 한참 우리 복음 병원과 고신 교단의 문제 때문에 우리가 하나님 앞에 기도해야 된다, 해가지고 주일날인데 그때 우리 노회 교회들이 오후 예배를 교회에서 드리지 않고 모두 고신대학 강당에서 모여서 회개 기도하는 시간을 가졌어요. 그래서 우리 교회에서도 광고를 했더니 어린아이들 데리고 가는 엄마들도 많이 있었고, 가서 기도회를 다 마쳤죠. 운동장에 파킹 시켜놓은 차들을 빼는데 시간이 걸리잖아요. 차를 몰고 천천히 내려오고 있는데 집사님 한분이 쫓아오더니 창문을 막 두드리면서 "목사님! 목사님! 큰일났습니다.""무슨 일이십니까?" 했더니 "동근이가! 동근이가…" 하면서 말을 못하는 거예요.

동근이는 우리 주일학교 유치부 아이인데, 안 믿는 집안에서 핍박 받으면서 엄마가 아이를 데리고 오는데 독자예요. 이 아이가 차를 기다리면서 막 뛰어 놀다가 고신대학교, 그 언덕에 정화조가 놓여져 있는데 그 정화조 뚜껑이 하나가 덜 닫혀져 있었어요. 근데 애들이 막 뛰어 놀다가 동근이가 그 뚜껑이 뒤집어지면서 쏙 빠져버린 거예요. 사람들이 고함을 지르면서 빠지는 걸 봤지만은 벌써 쏙 들어가고 없는 거예요. 그 깊이가 10미터가 넘는데, 제가 가니까 장대로 휘휘 젓고 있는 거예요.

나중에 소방차가 와서 정화조를 퍼내니까 아이가 맨 밑바닥에 딱 엎드려 있는 거예요. 그러니까 그때 뭐 목사의 심정은 어떻겠어요. 내가 가자 그랬잖아요. 내가 가잔 말만 안 했으면… 얼마나 그때 영적인 갈등이 많은지.

‘하나님 도대체 왜? 왜 나를 여기까지 인도하셨습니까?’

그래서 그때부터 계속해서, ‘하나님 이해할 수 없습니다.’ 기도할 때마다 그런 기도가 나오는 거예요, ‘왜 하필 납니까? 왜 우리 교회입니까?’ 이 기도밖에 안 나오는 거예요. 그런데요, 새벽 시간에 저에게 하나님의 음성이 들리는 것 같애요. 그게 뭐냐면 제가 힘들어 하고 있으니까 제 마음속에 성령께서 감동을 주시는 생각이 ‘야, 내가 이런 어려움을 당하고도 시험당하지 않고 그대로 넘어갈 사람들을 찾다가 보니까, 야, 네가 보이더라, 그래서 널 택했다.’ 이렇게 말씀하는 거예요, ‘아 그렇습니다. 내가 이스라엘이지요, 내가 짐을 져야 된다면 내가 져야죠. 어려움을 누군가 당해야한다면 그래, 내가 당하고 우리 교회가 당할 수 있다면 그것이 이스라엘이요 그것이 축복이지요. 아, 주님 감사합니다’ 라는 그런 생각이 들어오는 거예요. 그때부터 딱 제 마음에 평안이 오는 거예요. ‘아, 그렇다. 내가 존재하는 목적이 이건데 내가 왜 이것 때문에 가슴앓이를 하느냐, 하나님께 이런 택함을 받았다는 것에 감사해야지’ 하는 생각이 드니까 ‘아, 주님! 감사합니다’ 하고 막 눈물이 쏟아지는 거예요. 그리고 삼일 밤 예배를 마치고 성도들과 인사를 하는데 우리 교회에 제대로 걷지도 못하는 장애인이 있었어요. 그 장애인이 나가면서 쪽지를 하나 딱 손에 쥐어주고 나가는데 ‘목사님 그만 우세요. 목사님 잘못이 아니에요.’ 이렇게 썼는데 이건 글자 자체가 기어가는 글씨로 썼는데 그걸 읽으면서 제가 느낀게 무엇이냐면 이것은 그 자매의 편지가 아니고 천사가 주님의 심부름으로 온 것이구나 하는 것이었어요. 그 편지를 들고 내가 얼마나 울었는지 몰라요.

모든 것을 자신의 힘이 아니라 하나님이 하신다는 믿음으로 예수의 마음을 품고 다른 사람을 위해 살면 하나님께서 크게 역사해 주실 줄로 믿습니다.

그리고 그 결과는 하나님께서 저희 교회에 그 일 때문에 시험 드는 일도 없고 문제도 없었고 뒤처리가 잘 되어서 장로님들도 기뻐하고 감사하고 오히려 교회가 그것 때문에 더 하나가 되고 감사했던 일이 있었어요.

그때 제가 깨달은 것은 그리스도인들이 나를 중심으로 해서 살지 말고 남을 위해서 산다는 정신만 있으면, 내가 어려움을 당했어도 그 어려움을 하나님께서 귀히 보시고 그걸 통해서 합력해 선을 이뤄 주신다는 경험을 제가 했지요. 그래서 이런 일련의 모든 일들을 통해서 깨닫게 되는 것이 하나님께서 왜 나같이 못난 사람을 왜 부르셨는가? 그것은 내 힘으로 하는 것 아니다. 그리고 내가 할 수 있는 힘을 주셨다면 그것은 다른 사람을 위해서 사명을 감당하도록 하기 위해서 준 것이다. 이 정신만 가지고 목사는 목회하고, 성도님들은 또 삶의 현장에서 다른 사람을 위해서 예수의 마음을 품고 살면 하나님께서 크게 역사해 주실 줄로 믿습니다.

김 : 아멘. 사실 살다보면 이해가 안 되거나 어려운 일이 있는데, 왜 그것을 허락하셨는지 깊이 깨달을 수 있는 귀한 시간이었습니다. 목사님, 은혜의 하나님을 꼭 믿으시라고 권면의 말씀 부탁드립니다.

목 : 제 자랑이 아닐까 부끄럽습니다. 사실 하나님을 믿고 보면 하나님 놓치면 다 놓치는 거죠. 우리가 구원 받을 길은 오직 한 길 밖에 없는데, 복음보다 더 귀한 것이 세상에 어디 있어요? 믿지 않는 분들에게 저는 예수님을 꼭 만나보라고 권면하고 싶습니다. 정말 그분 만나면 세상이 달라지죠. 이 땅에 사는 삶은 길어봐야 칠십이요, 팔십이요, 백 년 안쪽

인데, 그 이후에 예수 믿어서 얻는 영생은 영원입니다. 백 년을 우리가 고생하고 천 년을 아름답게 산다면 그것도 감지덕지죠. 근데 천 년도 아니고 백만 년도 아닌 영원한 삶이 우리가 이 땅에서 잠깐 사는 동안에 예수님을 믿는 것으로 얻어진다고 한다면, 선택의 여지가 없는 거예요. 이 세상 기적 가운데 가장 큰 기적은 우리가 예수님 믿는 거라 생각합니다.

김 : 목사님, 교회 비전도 나눠 주시고 성도들에게 하고 싶은 말 나눠 주시면서 간증을 마무리했으면 좋겠습니다.

목 : 우리가 교회로 부름을 받은 것은 그야말로 이스라엘로 남을 위해서 모든 민족을 위해서 부름을 받았다는 것이니까, 될 수 있으면 많은 교회들을 돕고 많은 기관의 사역자들을 최대한으로 돕자는 비전을 가지고 목회를 하고 있는데, 열심히 따라와 주시니 너무 감사해요. 성시화 운동의 정신처럼 이 땅이 다 복음화 되어서 이 땅에서 천국을 이루고 살다가 영원한 천국에 들어가는 인생들이 되었으면 좋겠다는 소원이 있습니다.

김 : 목사님과 함께 하나님이 얼마나 위대하시고 아름다우신지를 나누는 귀한 시간 보냈습니다. 목사님, 감사합니다.

하나님이 원하시는 목표를 향하여

부산시 해운대구 중1동에 위치한 소명교회는 1985년에 설립되어 24년동안 꾸준히 성장하며 '이 땅의 모델 교회'를 지향하고 있다.

조영호 목사님은 15년간의 교편 생활을 접고 어머니의 서원기도를 따라 고려신학대학원을 졸업한 후 소명교회를 개척하여 담임목사가 된 지 24년이 되었다. 소명교회는 매년 가을에 열리는 '해운대 사랑 콘서트'와 불신자들을 상대로 하는 문화교실, 독거노인 돌보기나 소년소녀가장 돕기 등을 실천함으로 지역사회에 매우 중요한 공동체로 다가서고 있으며, 선교지에 단기 선교 팀을 매년 집중적으로 파송하여 성도들의 영적 부흥과 선교 영역 확대도 이뤄가고 있다.

하나님이 원하시는 목표를 향하여

어려운 형편으로 무수한 전학 끝에 공부를 겨우 마쳤지만 하나님의 특별한 은혜였습니다. 결국은 하나님이 원하시는 목표를 향해 점점 다가갈 수 있었습니다.

김 : 늘 미소가 따뜻하신 목사님이신데요, 믿음의 가정에서 자란 이야기를 들려주셨으면 좋겠습니다.

목 : 부모님이 다 신앙 생활하셨는데, 아버지는 장로님으로, 어머니는 권사님으로 교회를 섬기셨습니다. 지금은 두 분 다 천국 가셨지만 믿음의 가정에서 제가 태어났지요. 그리고 특별한 것은 어머니가 딸 셋을 낳고 할머니가 섭섭해 하셔서 안타까운 마음으로 하나님께 간절히 기도를 했다고 합니다. 눈물 흘리면서 아들을 주시면 하나님께 드리겠다고 했는데, 그렇게 기도하고 태어난 자녀가 바로 접니다. 그러니까 어머니께서 하나님 앞에 서원하고 태어나게 된거죠.

김 : 성경속의 한나의 기도를 어머니가 딱 드리셨네요.

목 : 그렇습니다. 간절한 기도 끝에 제가 태어났고 굉장한 기대와 사랑 속에 자랐죠. 또 어머니의 서원대로 하나님께 바쳐지는 목회자의 길을 가야 한다고 중학교 2학년 때 결심을 했지만, 여러 가지 어려운 상황으로 여의치 않아

서 목회자의 길을 가지 못하고 오랫동안 교편을 잡게 됐습니다.

목 : 그렇습니다. 저는 해방되기 직전에 태어났고, 조금 후에 6.25사변이 터졌습니다. 참 어려운 시기였는데 아버지는 시골에 사셨지만 자신의 땅이 한 평도 없었습니다. 경제적으로 아주 어려운 생활을 했죠. 이사를 많이 다녔는데, 초등학교를 네 군데 다녔고 중학교를 세 군데 다녔고 고등학교 세 군데, 고등학교 졸업할 때까지 모두 열두 군데의 학교를 다녔는데, 부모님과 함께 살면서 학교를 다닌 것이 초등학교 3, 4학년때까지였고 그 후부터는 거의 부모를 떠나서 살았습니다. 집에 있으면 공부를 할 수 없으니까, 배우지 않으면 못 살고 나중에 쓰임 받지 못한다는 절박한 마음과 꼭 배워야 한다는 일념으로 배울 수 있는 길이 있다면 어디든지 갔습니다. 그래서 집에서 자라지 못하고 밖으로 다니면서 자라게 되었죠. 7남매중 독자 아들이 그럴 정도면 얼마나 어려웠는지 상상하실 수 있을 겁니다.

김 : 신앙이 없었다면 다 포기하고 싶은 그런 마음도 참 많았을 것 같아요.

목 : 그렇죠. 제가 고등학교 1학년 시절에는 육개월 동안 한 번도 교회를 안 갔던 시절이 있었습니다. '우리 부모님은 늘 기도 열심히 하시는데, 독자 아들인 나는 왜 이렇게 고생을 하는가?' 그런 생각을 많이 했어요. 그러다가 교회를 안 갔던 적도 있었는데, 그럼에도 불구하고 하나님께서는 저를 사랑하셨습니

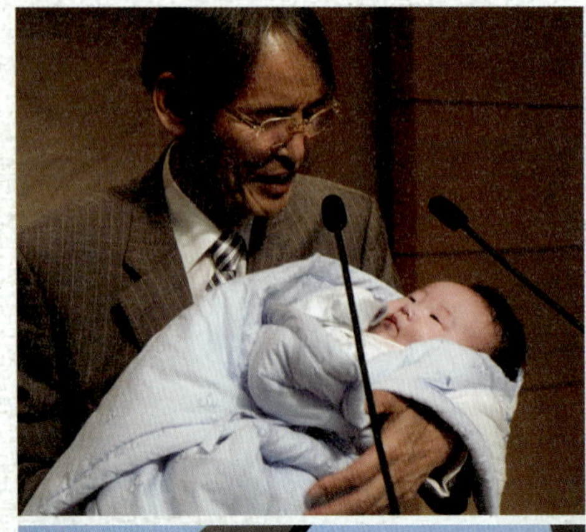

다. 왜냐하면 청소년 시절에 나가서 공부를 할 때 밑바닥의 청소년들과 같이 살았거든요. 어두운 환경 속에 사는 아이들과 살면서 환경이 나빠서 물들었다면 저는 벌써 어두운 뒷골목을 다니는 사람이 되고 말았을 것입니다. 그런데 전혀 물들지 않았거든요. 내 의지가 아니라 강권적인 하나님의 역사가 있었습니다. 주변에 많은 친구들이 비행 청소년으로 물들어 갔지만 저는 거기에 발을 들여 놓아지지 않았습니다. 이것이 하나님의 특별한 은혜였습니다. 결국은 하나님이 원하시는 목표를 향해 점점 다가갈 수 있었습니다.

김 : 시편 가운데 '사망의 음침한 골짜기를 다닐지라도' 그런 대목이 있잖아요. 하나님의 보호하심이 없었으면 불가능했을 거라는 그런 생각이 드네요. 부모님께서는 어린 아들을 객지로 떠나보내고 얼마나 기도하셨을까요?

목 : 참, 안타까우셨겠죠. 자신들이 능력이 없어서 뒷바라지를 해주지 못하니까 오직 할 수 있는 것은 기도밖에 없었죠. 그런데 하나님께서는 그 기도를 다 들어주신 것 같아요. 지금 와서 생각해 보면 세상 사람들도 그러지 않습니까? '젊어서 고생은 사서도 한다.' 그런데 사서 하는 것하고 그럴 수밖에 없어서 하는 것하고 다르거든요. 저는 그럴 수밖에 없는 상황에 부딪혀서 그 높은 파도를 뚫고 나가야 하니까 싸우게 된 거죠. 어려서부터 그렇게 싸우면서 왔기 때문에 저는 저 자신을 가리켜서 길가의 질경이풀이라고 비유합니다. 질경이풀은 독특해요. 달구지 바퀴에는 쇠가 감겨 있지 않습니까? 그 달구지가 지나가면서 질경이 이파리를 모두 짓뭉게 버려도 비가 한번 쏟아지고 햇볕이 비치면 아주 싱싱하게 또 살아납니다. 거기에 저를

비유하죠. 깨지고 터지고 망가져도 질경이처럼 다시 일어났으니까요.

김 : 그럼 그 어려운 시기를 끝내고 가족들의 부양을 위해 교대를 가신건가요?

목 : 네. 하나님께서 목회의 길을 가게 하실 때까지 교사를 하고 만약에 목회의 길로 안 부르신다면 한 평생 이 길을 가겠다고 생각하고 교편 생활을 했죠. 교편 생활도 제게는 행복하고 의미 있는 시간들이었습니다. 가족이 보통 7, 8명이었기 때문에 부양을 위해서는 짐을 지지 않을 수 없었고 그러다 보니까 신학교 가기가 어려웠습니다. 하지만 때가 되니까 하나님께서 신학교를 갈 수 있게 해주셨습니다.

김 : 그때가 어떻게 열렸는지 궁금합니다. 하나님의 특별하신 은혜가 있었을 것 같습니다.

목 : 네. 목회의 길을 갈 것을 하나님께 약속했고 어머니도 서원의 기도를 하셨기 때문에 신학을 하고 싶다고 했을 때 담임 목사님 말씀이, 그때 제가 서리 집사땐데, '조집사, 너무 늦었다. 아들 키워서 보내라.' 그랬습니다.
그때 나이가 서른 여섯이었죠. 너무 늦었다고 말씀하셨는데 1년 뒤에 환경의 변화가 일어났습니다. 찬양대 지휘를 하고 있었는데, 학교와 관련해서 도와야 될 교회가 있어서 섬기고 있던 교회를 떠나야 할 상황이 벌어졌습니다.
그때 목사님께서 '교직 생활 그만 접고 신학해서 같이 일을 하자.' 이렇게 된 거죠. 1년 전에 늦었다고 하신 분이 마음이 달라지셨습니다.

저는 성도들 앞에서 늘 말합니다. '여러분, 내가 목회하는 것이 행복해 보입니까, 힘들어 보입니까?' 물어볼 때마다 성도들은 모두 행복해 보인다고 합니다. 목사가 행복해야 교인들이 행복합니다.

김 : 똑같은 분이요?

목 : 똑같은 분이 '이제 교편생활 그만큼 했으면 많이 했으니 신학교 가라.'고 했는데, 이건 목사님의 말씀이 아니죠. 하나님께서 목사님을 통해 제게 주신 말씀이죠. 1년 사이에 완전히 뒤집어 놓는 다른 말씀을 하시는 거예요. 그래서 한 달 동안 기도할 기회를 달라고 하고 기도했습니다. 기도하니까 하나님 말씀은 딱 한마디였어요. **'네가 지금까지 나에게 뭐라고 얘기해 왔느냐?'** 내가 가야 할 길은 목회의 길이라고 하나님께 말씀을 드렸고 그렇게 되기를 바랐는데, 지금 무슨 기도가 필요하냐? 이런 말씀이셨습니다. 그래서 '알았습니다' 하고 정리를 했죠. 그게 1981년 2월, 학교에 사표를 내게 된 동기가 되었습니다.

김 : 아멘. 지금은 하나님이 허락하신 목회의 길을 걸으며 너무 행복하실거란 마음이 드는데요.

목 : 정말 행복하죠. 저는 모든 성도들 앞에서 늘 말합니다. '나는 **다시 죽었다 깨어나도** 이 길을 갈 것입니다.' '여러분, 내가 목회하는 것이 행복해 보입니까, 힘들어 보입니까?' 물어볼 때마다 성도들은 모두 행복해 보인다고 합니다. 목사가 행복해야 교인들이 행복합니다. 혹시 행복하지 못하다면 행복하게 해달라고 하나님께 매달려야하죠. 그래서 해결해야 합니다. 행복하지 않은 목회를 하면 절대로 안 됩니다.

김 : 거룩한 부담이란 말도 있지만 사역을 하는 자체가 행복하고 만족스러워야 다른 사람에게 나눠줄 사랑이 있을 거라는 생각이 듭니다.

목 : 그렇습니다. 내가 행복해야 다른 사람을 행복하게 할 수 있지, 내가 행복하지 않는데 어떻게 다른 사람을 행복하게 만들 수 있습니까? 물론 인간이기 때문에 큰 문제들에 부딪히게 되면 순간적으로 고민되죠. 그러나 잠시만 기도해 보면 '이건 내 일이다! 네가 염려할 필요가 없어. 이건 내 일이다!' 이렇게 말씀하시는 하나님의 음성을 들을 수 있습니다. 그러면 '알았습니다' 하고 하나님께 맡겨드리고 하나님께서 가라 하는 만큼 가면 되는 겁니다. 서라 하면 서면 되는 겁니다. 지금까지 목회를 하면서 정말 행복하고 신나는 것은 내가 무엇을 할 수 있는 것이 아니고 하나님을 위해 해 보려고 몸부림치면 하나님께서 다 알아서 하신 것입니다. 그러니까 저는 신날 수밖에 없는 거죠.

김 : 그런데 이렇게 좋으신 하나님을 모르는 많은 사람들이 있다는 것이 정말 안타깝습니다. 그분들에게 들려주고 싶은 말씀이 있다면요.

목 : 정말 와 보지 않고는 알 수 없는 겁니다. 사과의 맛을 아무리 설명해 본들, 아무리 표현력이 뛰어나다 해도 어떻게 그 맛 그대로를 표현해서 전달할 수 있겠습니까? 일단 와보셔야 합니다. 오셔서 한번 참여해 보시고, 들어보시고, 그리고 알아보신 다음에, '그래도 나는 아무것도 발견할 수 없었다.' 이건 할 수 없지만 일단 교회로 와 보셔야 합니다. 우리 성도들은 주위에

우리는 주위에 있는 분들을 강권해서 교회로 데려와야 합니다. '와보라.' 하고 나다나엘처럼 강권하게 되면 그 다음에 역사하시는 분은 성령 하나님이세요.

있는 분들을 강권해서 교회로 데려와야 합니다. '와보라' 하고 나다나엘처럼 강권하게 되면 그 다음에 역사하시는 분은 하나님이세요. 성령 하나님께서 역사하시니까, 강권하는 것이 우리의 책임입니다. 성도들은 그렇게 힘쓰시고, 아직 예수 그리스도를 모르시는 분들은 와서 한번 보십시오. 일단 들어보시고 만나보시고 그 다음에 말씀을 하셔야 합니다.

김 : 아멘. 참 행복하게 목회하시는 목사님의 비전을 듣고 싶습니다.

목 : 아무리 교인수가 많아져도 가정 같은 교회의 모습을 잃어버리면 안 됩니다. 왜냐하면 우리는 하나님을 아버지로 부르는 같은 믿음의 형제들이니까요. 혈육의 형제 관계는 하나님 앞에 서는 그 날까지고, 그 다음에 이어지는 그리스도 안에서의 형제 관계는 영원한 것입니다. 그렇기 때문에 우리가 이 땅에서 천국 훈련을 잘해야 되는데요. 우리 교회는 바로 천국 훈련을 잘 하는 가정 같은 교회를 만들어 가는 것이 꿈입니다. 이제 하나님께서 전적으로 통치하시는 가정 같은 교회, 그래서 '이 땅에 천국 같은 모습의 교회가 어떤 것인가' 하는 것을 보여주는 가정 같은 교회의 모델이 되는 것이 우리의 비전입니다. 그것을 목표로 해서 우리 성도들이 함께 기도하며 앞으로 전진하고 있습니다.

김 : '나는 행복합니다.' 이 고백을 날마다 올려드리는 목사님 말씀을 통해 은혜 많이 받았습니다. 아름답게 목회하시는 목사님의 일생에 하나님의 사랑이 영원하시기를 기도드립니다. 목사님, 감사합니다.

산성교회 **허원구** 목사님

복음을 위해
움직이는 삶

1952년 신앙의 자유를 찾아 남하한 성도들이 세운 부산 남구 대연1동에 위치한 산성교회는 현재 칠레선교사 출신인 허원구 담임목사님께서 시무하고 있고, 하나님의 비전을 이루는 선교적 교회를 지향한다. 교회의 모든 구조가 선교적으로 되어 있는 선교중심교회로 이름이 알려져 있으며 최근까지 62명의 선교사를 파송할만큼 하나님과 동행하며 땅끝까지 열정적인 선교를 하고있다.

복음을 위해 움직이는 삶

"네가 거기서 죽지 않으면 못 나간다. 죽어야 나갈 수 있다!"

김 : 목사님께서 하나님의 자녀가 된 스토리를 함께 나눴으면 좋겠어요.

목 : 7살 때의 봄날입니다. 경주에서 부산으로 이주를 해왔습니다. 우리 가정은 불교 가정이었고 교회를 안 다니던 꼬마였는데 어느 주일날 밖에서 놀고 있는데 주일학교 보조 교사였던 것 같애요. 까까머리 학생 교사가 오더니 길거리 전도를 한거죠. 그래서 제가 뒤를 따라갔습니다. 이름도 기억하는데 호열이라는 학생 선생님이셨어요. 교회는 그 동네 거제동의 거성교회였습니다. 그날 이후 지금까지 주님을 믿게 되었고 형님도 저를 찾으러 왔다가 그날 같이 교회 다니게 됐고 치과 의사로서 장로가 되셨다가 목사가 되셨고 지금은 선교사로 몽골에 나가 있습니다. 또 누님들 동생들 모두 다 예수 믿고 부모님 다 예수 믿게 되는 귀한 믿음의 축복을 받았습니다.

김 : 그때 처음 갔었을 때 기억을 좀 더듬어 보시면요?

목 : 많은 아이들이 모였었는데 너무 재밌었어요, 선생님들이 있었고 그때는 물론 마루 바닥 예배당이었죠. 마치 잔치가 벌어진 것처럼 얼마나 즐겁고 행복한 모습이던지 하여튼 교회가 천국이라는 느낌을 받았습니다.

그리고 계속 교회를 다니면서 학생회 회장을 하고 고등학교 1학년 부터는 교사를 했습니다. 그때 제 속에 은사가 있는걸 몰랐는데 교사하면서 비로소 발견했습니다. 아이들에게 말씀을 전할 때 아이들을 웃기거나 울릴 수 있다는걸 그때 처음 알았습니다. 고 1때부터 3년 동안 얼마나 열심히 교사를 했던지 교회 다니고 봉사하면서 **인성도 개발**되고 **지도력도 개발**되면서 하나님이 나를 통해서 앞으로 무얼 하실 것인가 하는 것도 자연스럽게 기도하면서 알게 되었습니다. 그래서 사춘기나 어려운 시절을 교회에서 잘 보낼 수 있었죠.

김 : 자연스럽게 소명도 받으시고 그러셨을 것 같은데요,

목 : 그렇습니다. 어릴 때부터 자연스럽게 소명이 생긴 것 같고 자연스럽게 하나님 부름가운데 응답했다고 생각합니다.

김 : 목사님이 처음 믿으시고 믿지 않는 가족을 위해서도 기도를 많이 하셨겠네요.

목 : 가족 구원을 위해서 많이 기도했는데 어머니께서 아주 고집이 세셨고 잘 안 믿으셨죠. 그래서 마지막에는 어머니 전도를 위해서 **비상 수단을 강구**했습니다. 바로 굶기 작전이죠! 우선 선전 포고를 했습니다. 만약에 교회에 안 가시면 밥을 먹지 않겠다고요. 그러면 어머니가 처음에는 그러셨죠. "먹기 싫으면 관둬라." 하지만 저는 어머니의 약점을 알고 있었죠. 한 끼, 두

지구 반대편에 있는 칠레 선교의 현장에서 복음을 위해서 움직이니까 주님의 임재가 나타나는 것을 생생하게 체험했습니다. 주님의 임재는 선교적인 삶, 복음을 위해, 하나님 영광을 위해 움직이는 삶 가운데 나타납니다.

어려운 우리 시골 교회가 해외교회 한 교회, 시골교회 한 교회를 돕는 일을 시작했죠. 그랬더니 교인 삼십 명이 육십 명이 되더라고요. 다음에 네 교회를 도왔어요. 교인 60명이 120명이 되더라고요, 이 선교 목회를 통해서 중요한 하나님의 음성을 들었습니다. "먼저 그 나라와 그 의를 구하라 그리하면 이 모든 것을 너희에게 더하시리라." 그리고 4년 만에 선교사가 되어서 칠레로 떠나게 되었습니다.

끼 정도만 굶으면 바로 항복하십니다. "다음 주에는 꼭 갈테니깐 먹어라." 그리고 다음 주에 또 안 오시죠, 그러면 또 굶습니다. 역시 두 끼 내지 세 끼정도 굶으면 "제발 먹어라, 꼭 가겠다." 그러다가 한 번 두 번 나오기 시작하셨고, 결국엔 집사님이 되셨고 믿음 좋은 기도의 어머니가 되셨습니다.

목 : 목사 안수를 받기 전에 저희 교단에 무조건 개척교회를 하지 않으면 안수를 주지 않는 법이 있었습니다. 시골로 가든지 개척을 하든지 단독 목회를 2년 하지 않으면 안수를 안 주는 법이 있었는데 제가 안수를 받기 직전에 그 법이 생겨서 시골로 가야 되었습니다. 처음에는 안 가려고 버텼죠. 서울에서 적당히 기독교 학교에 가서 성경을 일 주일에 한 시간 정도만 가르치면 안수를 주는 케이스가 있었습니다. 그런데 하나님께서 경기도 여주에서 개척하는 환경으로 저를 몰아가셨습니다. 안 가려고 한 3일을 버텼는데 하나님이 제 입을 막아 버리셨어요. 물도 제대로 넘길 수 없었고 3일 동안 음식이 하나도 들어가지 않았습니다. 결국 3일 동안 굶고 난 다음에 손을 들었죠, "하나님, 가겠습니다, 충성하겠습니다." 그렇게 기도하자 겨우 밥이 넘어가기 시작하더라고요. 그래서 바로 경기도 여주로 갔죠.

목 : 네. 사실 갈 때도 뭐 충성하려고 간 게 아니라 목사 안수 받을려고 간 거죠. 그런데 4년을 가있는 동안에 진짜 목사가 될 수 있었습니다. 한 영혼을 사랑하는 목사, 하나님의 마음을 아는 목회자가 될 수 있었습니다. 처음에 부임하니 교회에 두 명이 있더라고요, 뚱뚱한 아주머니 한 분하고 학생 한 명요. 하나님께서 그곳에서 저를 만드셨습니다. 저는 적당히 하려고 했는데, 도전을 주시더군요.

지금도 기억나는 중요한 사건이 하나 있습니다. 뭐냐면 개척교회 전도사들을 위한 수련회가 서울에서 있었는데 훨씬 시골에서 온 한 전도사님과 방을 같이 쓰게 되었는데 그분이 간증을 해주셨어요. 아주 작은 시골 하나 전체를 복음화시킨 기적을 간증하시는데 부끄러웠죠. '여기 진짜 종이 있구나. 나는 삯꾼이다' 하는 생각이 들었습니다. 그 전도사님 말씀이 "전도사님, 시골 교회를 탈출하는 법을 가르쳐 드릴까요?" "가르쳐주세요!" 그러니까 이야기를 하는 거예요, 새장 안에 새가 한 마리 들어 있는데 아무리 나갈려고 해도 못 나갔더랍니다. 그런데 어느 날 바깥에서 날던 새가 다가오더니 "얘~답답하지, 너 나가고 싶지?" "그래 나가고 싶어!" "내가 나가는 법 가르쳐 줄까?" "뭐야?" "죽어! 죽으면 나갈 수 있어." 그러고 날아 가더래요. 그래서 이 새가 고민하다가 죽었답니다. 주인이 와서 보니까 "어, 얘가 죽었네" 그러면서 새장문을 열고는 잡아서 휙 날리는데 가만히 있던 새가 날개짓 하면서 멀리 날아갔더랍니다. 그 이야기를 듣는데 제게 하나님의 음성이 들리는 겁니다.

"네가 거기서 죽지 않으면 못 나간다. 죽어야 나갈 수 있다!"

그래서 돌아와서 항상 싸놓았던 짐을 풀었죠. 그리고 열심히 목회를 했죠. 2명이 삽시간에 삼십 명이 되더라고요. 역시 목회자에게 달렸다는 것을 경험했습니다. 그러다가 삼십 명쯤 됐을 때 또 하나님께서 도전을 주셨습니다. 설교 준비를 토요일날 마쳤는데, 주님께서 말씀하세요. "이번 주일 설교를 뭘 하겠느냐?" "뭘 하면 좋겠습니까?" "세계 선교에 대한 설교를 해라." 이런 감동을 주시는 거예요. 그래서 설교를 새로 만들었습니다. 그리고 세계 선교에 대한 설교를 하는데 "여러분, 가든지 보내든지 오대양 육대주가 우리를 부르고 있습니다"고 설교를 했죠. 근데 교인들이 저를 이상하게 보는 거예요.

목 : 그렇죠. 시골 아닙니까. 그런데 집사님 한 분이 "목사님, 제가 오늘 새벽에 산에 기도하러 갔는데, 하나님이 그 말씀을 제게도 주셨습니다. 세계 선교하면 하나님이 기뻐하실 것입니다"라고 얘기하는거예요. 그래서 그날 선교회를 조직했습니다. 그 교회가 세종교회니까 세종선교회라고요. 그때부터 어려운 우리 시골 교회가 해외 교회 한 교회, 시골 교회 한 교회를 돕는 일을 시작했죠. 그 사역을 연말까지 했는데 교인 삼십 명이 육십 명이 되더라고요. 그 다음엔 네 교회를 도왔어요. 그러더니 60명이 그 다음에는 120명이 되더라고요. 이렇게 교인들에게 선교를 가르치는 목회를 했죠. 4년 만에 우리 교회가 완전히 자립하고 200명 이상 모이는 교회가 되고 4년 목회를 통해서 중요한 하나님의 음성을 들었습니다.

"먼저 그 나라와 그 의를 구하라 그리하면 이 모든 것을 너희에게 더하시

하나님은 반드시 살아계시고 기다리고 있고 부르면 대답하십니다. 하나님은 한 사람 한 사람을 위한 인생의 놀라운 계획을 세우고 있고 지금도 모든 것들을 준비해놓고 계십니다.

리라."

그때 선교 중심적인 목회가 얼마나 능력이 있는가를 배웠죠. 항상 많이 돕는 교회가 되었고 4년 만에 저는 선교사가 되어서 칠레로 떠나게 되었습니다.

김 : 주는 목회, 파송하시는 목회를 하시다가, 이제는 직접 선교사로 가셨네요.

목 : 제가 20대 때 참석했던 선교 집회에 일본의 아베 목사님이 오셔서 설교

를 하시는데 콜링이 분명해서 선교사 서원을 하고 잊어 버렸어요. 그런데 교회가 안정된 어느 새벽에 기도하다 보니까 우리 교회 성도 하나가 "하나님, 우리 목사님 선교사로 가게 해 주세요." 그러는 거예요. 저는 시험에 들었습니다. 그 사람이 제가 미워진줄 알고요. 근데 가만히 생각하니까 제가 젊은 시절 했던 서원이 생각났습니다. 그때 칠레에서 저를 부르는 소리가 들려왔고 또 비슷하게 서울의 좋은 교회에서도 부르는 소리가 들려왔는데 하나님 앞에서 고민하다가 땅끝에서 부르는 소리를 듣고 남미 칠레까지 가게 되었죠.

김 : 하나님의 음성에 순종하시는 모습이 참 아름답습니다. 칠레에서 하나님께서 부어주신 감동의 스토리도 들려주세요.

목 : 칠레는 한국에서 보면 지구 반대편입니다. 비행기로 서른세 시간 가면 도착할 수 있는 나라죠. 거기 도착해서 여러 가지 사역을 시작을 했습니다. 하나님이 도와주신다는 것을 확실히 체험하게 되었어요. 저는 장로교에서 자랐기 때문에 무슨 신기한 체험이 많이 없었습니다. 그런데 한번은 설교를 하러 갔더니 전도사님이 환자를 위해서 안수 기도를 해달라는 거예요. 그때 확신이 있었는데 절대로 낳지 않을거라는 확신이 있었습니다. 이거 내가 기도해서 낳겠나 의심하면서 기도를 했죠. '하나님! 도와 주십시오. 지금 선교사라고 이들이 저를 믿고 있는데 복음에 도움이 되기 위해서 꼭 치료해 주세요' 라고요. 기도하고 보니까 오래 아픈 사람이 되어서 진짜 안 나을 것 같애요. 간단히 기도하고 돌아왔는데 그 다음날 전화가 오는 거예요. 급한 목소

리로! "사베 로 께 빠소(Sabe lo que paso)?"

김 : 무슨 말인가요?

목 : 그러면서 아~ 에이자 셀레반또~ 꼬미요~쎌라보~까미노 엘 센뇨르~
메사노~(Ella Selevanto y Comio, Se Lavo, y Camino, El Senor me sano) 막
그래요! 이 내용은 목사님 왔다 가시고 기도하고 간 다음에 그분이 나아서
일어나셨습니다. 세수도 하고 음식도 드시고 산책도 하셨습니다. 치료해
주셨습니다! 그러는데, 깜짝 놀랐죠. 그런데 그때 깨달아지는 말씀이 뭐
냐면 '그러므로 너희는 가서 모든 족속으로 제자를 삼아 아버지와 성령의
이름으로 세례를 주고 내가 너희에게 분부한 모든 것을 지켜 행하게 하라!'
그 다음에 나오는 말씀이 '볼찌어다 내가 세상 끝날까지 너희와 항상 함께
있으리라 하시니라.' 선교 현장에서 복음을 위해서 움직이니까 주
님의 임재가 나타나는 것을 생생하게 체험했습니다. 주님의 임재라는
것은 내 마음대로 사는 이기적인 삶에 나타나는 것이 아니라 선교적인 삶,
복음을 위해, 하나님 영광을 위해 움직이는 삶 가운데 나타납니다. 선
교지에서 프로젝트 하나 하나 가운데 주님이 역사하셔서 놀랍게 채워지는
경험을 많이 했습니다.

김 : 아멘, 하나님은 살아 계십니다. 그런데 하나님의 능력을 아직도 모르는
분들에게 한 말씀 부탁 드립니다.

목 : 하나님은 살아계신데 이것을 모르는 사람들은 얼마나 답답한지 생각만 해도 너무 마음이 아픕니다. 하나님은 반드시 살아계시고 지금도 기다리고 있고 부르면 대답하십니다. 하나님은 한사람 한사람을 위한 인생의 놀라운 계획을 세우고 있고 지금도 모든 것들을 준비해놓고 계십니다. 지금이라도 주님을 영접하기만 하면 반드시 여러분들의 인생을 책임지고 생각할 수도 없는 귀중하고 풍성한 것으로 채워 주실 것입니다. 주님을 꼭 믿으십시오.

김 : 아멘, 목사님의 비전과 기도 제목을 나눠 주세요.

목 : 선교 사역을 마치고 부산에 돌아와서 13년 사역하면서 하나님 앞에서 감사드릴 수 있는 것은 계속해서 선교사를 보내는 일을 하면서 교회가 은혜를 받고 치유 받고 채워졌습니다. 그래서 저희는 더 하나님이 원하는 땅끝까지 복음을 전하는 일, 영혼을 구원하는 일을 위하여 쓰임받기를 원합니다. 앞으로 100명, 200명, 300명 더 많은 선교사를 보내기 원하고 저희 수입의 50퍼센트 이상을 하나님 나라와 이웃을 위하여 쓰는 비전을 가지고 있습니다. 그래서 더 많은 사람을 훈련시키고 더 많은 선교사들을 땅끝까지 보내서 주님 재림의 날에 칭찬받는 그런 교회가 되기를 바랍니다.

김 : 앞으로도 선교의 간증과 기적을 많은 사람에게 나누는 아름다운 목사님 되시기를 기도드립니다. 목사님, 감사합니다.

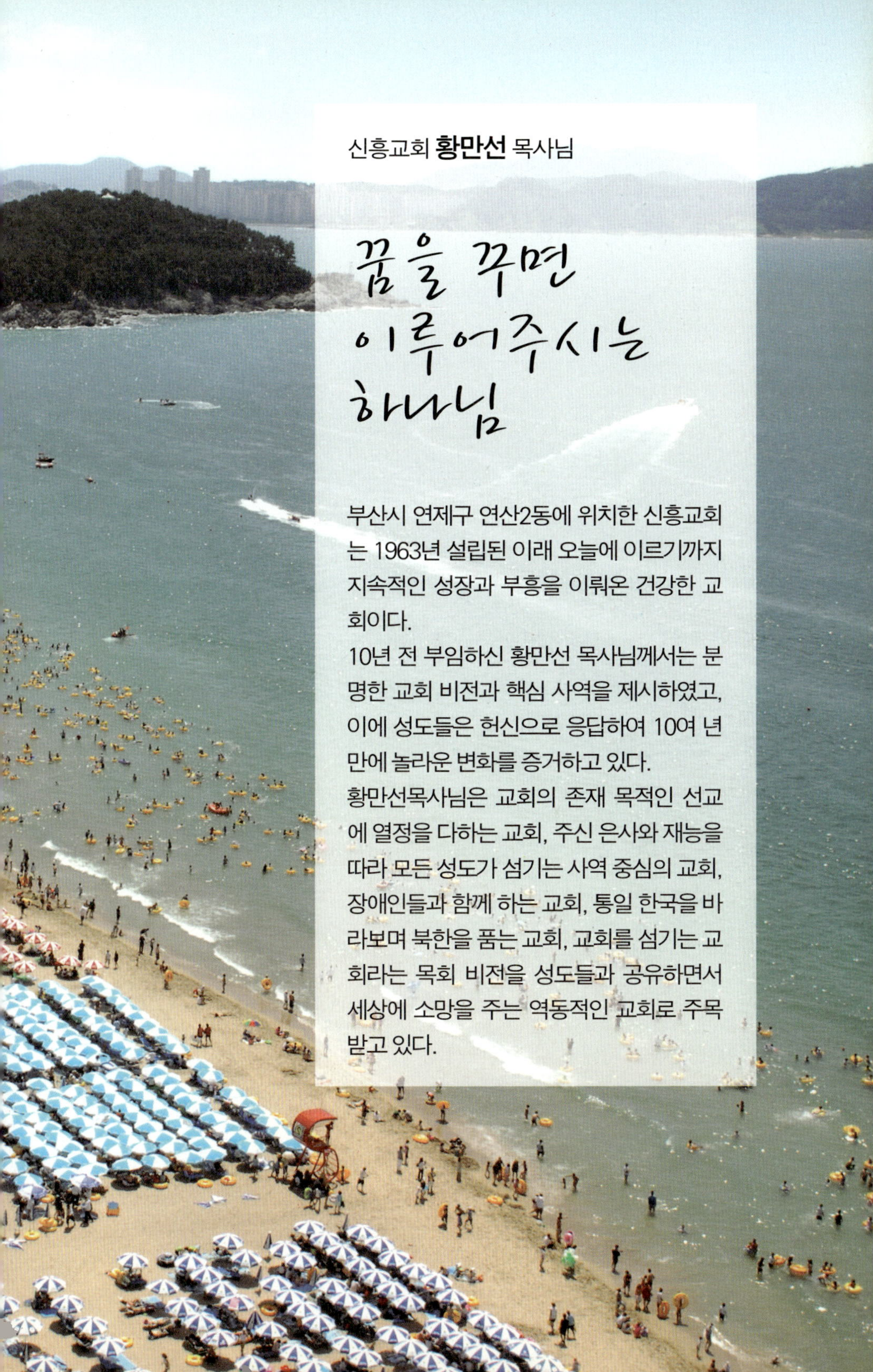

꿈을 꾸면 이루어주시는 하나님

부산시 연제구 연산2동에 위치한 신흥교회는 1963년 설립된 이래 오늘에 이르기까지 지속적인 성장과 부흥을 이뤄온 건강한 교회이다.

10년 전 부임하신 황만선 목사님께서는 분명한 교회 비전과 핵심 사역을 제시하였고, 이에 성도들은 헌신으로 응답하여 10여 년 만에 놀라운 변화를 증거하고 있다.

황만선목사님은 교회의 존재 목적인 선교에 열정을 다하는 교회, 주신 은사와 재능을 따라 모든 성도가 섬기는 사역 중심의 교회, 장애인들과 함께 하는 교회, 통일 한국을 바라보며 북한을 품는 교회, 교회를 섬기는 교회라는 목회 비전을 성도들과 공유하면서 세상에 소망을 주는 역동적인 교회로 주목받고 있다.

꿈을 꾸면 이루어주시는 하나님

하나님은 문제를 주지 않는 분이 아니라 문제를 주면서 이겨내고 극복하도록 하심으로, 하나님께 대한 신뢰, 하나님을 의지하는 마음을 훈련시키시는 분이십니다.

김 : 목사님은 믿음의 가문에서 자라셨잖아요. 5대째 이어지는 믿음의 가문 스토리를 들려 주세요.

목 : 할아버님이 옛날에 영수님으로 교회를 섬기셨는데, 직접 뵙지는 못했고요. 무엇보다도 부모님에게 귀하고 풍성한 영적인 유산을 많이 받았다는 것이 감사하죠. 아버지께서 경주교회를 설립하셨는데요, 옛날에 신사 참배 때문에 교회를 새로 설립하는 일에 생을 다 바치셨다시피 하셔서 영적인 환경에서 자라났습니다. 하지만 나중에 집안이 어려워져서 유산은 하나도 물려받지 못했죠. 땅 한 평 물려받지 못했지만 저희 세 형제들은 부모님께 감사합니다. 세상에서 제일 존경하는 분이 누구냐고 하면 부모님을 빼놓을 수 없는 것은 우리에게 귀한 영적 축복인 믿음을 유산으로 남겨주셨기 때문입니다. 제가 맏이인데 신흥교회를 섬기고 있고요, 바로 밑의 동생은 자이툰 사단장, 군단장을 지내고 지금 군에서 충성하고 있는 황중선 장로이고, 또 막내 동생은 창원 세광교회를 섬기고 있는 황은선 목사입니다. 복된 삶을 살 수 있는 자체가 부모님께로부터 받은 영적인 유산 때문이라고 믿기 때문에 너무 감사하지요.

저는 눈물이 있는 목회를 해야 되겠다고 생각합니다. 제가 눈물이 많아요. 우리 성도님들은 저보고 울보 목사라고 하기도 합니다.

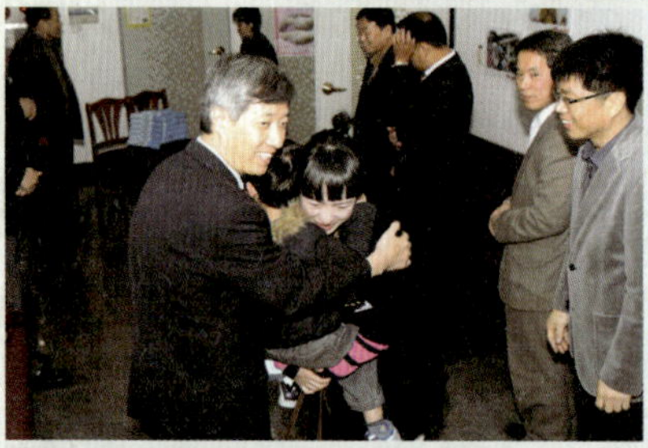

김 : 아버님이 직접 개척해서 교회를 섬기실 정도면 경제적으로도 하나님께서 축복을 많이 주셨었는데 어려워지셨나봐요.

목 : 네. 아버지께서 그 당시 어릴 때라 모르지만 저희들이 본 사진 자료를 보면 경주 초대 YMCA 이사장도 지내셨으니까 유력하셨어요. 그래서 경주교회를 세울 수 있었는데, 경주교회가 교회사적으로 굉장히 중요한 역할을 많이 감당했어요. 경동지방에서 모교회로서의 역할을 잘 감당했죠. 그런데 자세히는 모르지만 보증 관계로 모든 것을 정리를 하고 어려움을 겪었고 저도 공부를 할 때 어려운 과정을 많이 겪었습니다.

김 : 그때는 정말 강한 기도 없이는 살 수 없는 그런 시간이셨겠어요.

목 : 두 가지 면에서 어려움을 겪었는데요, 하나는 경제적인 어려움으로 중고등학교 다닐 때부터 등록금 때문에 힘들었던 경험이 있고요. 신학교 다닐 때에는 많이 굶었습니다. 등록금도 문제였는데 하나님께서 모르는 사람을 통해서 등록금도 해결해 주신 적도 있고, 하나님께서 보내주시는 엘리야가 경험했던 까마귀를 보면서 '하나님이 나를 사랑하시는구나' 하는 것을 느낄 수 있었습니다. 또 하나는 대학교 2학년 때 몸이 굉장히 아팠어요. 몸무게가 49킬로 정도까지 갑작스럽게 떨어지고 원인도 알 수 없는 병이 왔죠. 그래서 3개월 동안 하나님께 매어달려 기도한 적이 있는데, 그런 과정을 통해서 믿음의 확신과 격려도 주셨기 때문에 이렇게 생각해요. 하나님은 우리에게 문제를 주지 않는 분이 아니라 문제를 주면서 문제를 이겨내고 극

복하도록 하심으로, 하나님께 대한 신뢰, 하나님을 의지하는 마음을 훈련시키시는 분이시다라고 생각합니다.

김 : 경제적으로 힘든 데다가 몸까지 고통을 겪으니까 절망하실 수도 있었을 것 같은데요.

목 : 상당히 심각했죠. 그때는 벌써 아버지께서 하늘나라 가시고 어머니께서 계셨는데, 진찰을 받으니까 원인도 모르고 소변에서 출혈이 많이 생기고, 병원에 가니까 뭔지 모르겠다고 말씀하세요. 그래서 고향에 갔는데, 유명한 한의사를 찾아갔더니 아주 부정적인 말씀을 하시더라고요. 그래서 어머니한테 "다시 학교 가겠습니다. 기도하겠습니다" 그러고 올라왔어요. 제가 문을 닫고 나오는데, 그때 어머니께서 안에서 통곡을 하시던 걸 지금도 기억해요. 그래서 학교에 다시 와서 뜨겁게 기도했죠. 방법이 그것밖에 없으니까. "하나님, 제가 하나님 일을 하겠다고 뜻을 두고 이렇게 신학 공부하고 있는데 무슨 일입니까, 낫게 해 주십시오." 그런데 서너 달 지난 후에, 제 느낌으로 몸 상태가 괜찮은 것 같아요. 그래서 가서 진찰을 받아 봤더니만 아무런 이상이 없다는 거예요. 그래서 놀라운 치유의 은혜를 경험했지만 완전히 회복하는 데는 오래 걸렸어요. 그래도 하나님의 은혜로 건강하게 열심히 사역할 수 있는 것이 감사할 일입니다.

김 : 목사님, "이런 목회자가 되겠습니다"라고 늘 기도하시던 제목이 있으셨을 것 같은데요.

사랑의 연탄배달 물만골에서

목 : 기도했던 내용들이 지금 섬기는 신흥교회 사역을 통해서 나타나고 있습니다. 신학을 공부하고 목사 안수를 받고 부목사를 거쳐 아주 전통적인 교회에서 담임 목회를 했습니다. 그리고 또 서울에서 교회 개척을 했습니다. 그래서 전통적인 교회도 경험하고 개척 교회도 하면서 많은 것들을 배우고 얻었어요. 지금 세 번째로 신흥교회 담임을 하고 있는데, 돌아보면, 하나님 앞에 부족하지만, "하나님 이런 목사가 되겠습니다, 이런 교회를 섬기고 싶습니다"라고 했던 것들을 지금 다 이루어 주신 거예요. 그래서 제가 너무 감사하고, 그런 점들을 강조를 해요. '목회는 꿈이다 비전이다. 이런 교회, 이런 목회를 하겠다고 꿈꾸면 하나님께서 이루어 주신다'라고요. 예를 들면, 저희들이 어릴 때에 아버지께서 새벽 기도 나가시면, 따라 나갈 때가 있었어요. 옛날에는 마룻바닥이었잖아요. 잠들었다가 깨서 보면 아버지, 어머니께서 무릎 꿇고 기도하셨던 자리에 젖은 흔적이 있었어요. 지금도 감동을 받는데 그 당시에 부모님들은 나라와 교회를 위해서 눈물로 기도하셨던 거예요. 요즘 눈물이 많이 마르지 않았습니까?

개인적으로는 눈물이 있는 목회를 해야 되겠다고 생각합니다. 제가 좀 눈물이 많아요. 하나님이 주시는 눈물이니까 어쩔 수 없어요. 그래서 우리 성도님들은 저보고 울보 목사라고 하기도 합니다. 또 저는 교회를 생각할 때 몇 가지 꿈을 가져 봤는데, 첫째가 모든 사람이 함께 할 수 있는 교회를 꿈꿨어요. 교회는 다양한 분들이 오시잖아요. 특별히 장애인들과 함께 하는 교회를 소망합니다. 저희 교회에 장애인들이 참 많습니다. 농아인들이 특별히 많고요, 시각 장애인, 지체 장애인, 전신 장애인들이 많이 계세요. 처음엔 저희 교회가 이런 일들을 생각지도 못했지만은, 그동안 성도님들이 마음을 같이 해 주셔서 가능했습니다.

다음엔 북한을 품는 교회가 되려고 합니다. 하나님께서 이십 년 전에 그런 기도를 하게 하시더라고요. 저희 교회가 비교적 북한 사역을 많이 하는 교회입니다. 북한의 어린이들에게 빵을 먹이는 것을 10년째 계속 하고 있고요, 한민족 복지 재단 부산 지부장을 맡고 있습니다. 또 우리 교회에 탈북자들이 많이 계신데, 이분들이 오시면 잘 정착하고 신앙생활 잘 할 수 있도록 따뜻하게 배려하는 목회적인 꿈을 주셨습니다. 물론 선교도 열심히 하고 있습니다.

목 : 부족하고 부끄럽지만 말씀을 드려야 된다면, 하나님 앞에서 진솔한 목회자가 되기를 힘쓰면 좋겠습니다. 요즘 저도 그런 범주에 들어갈 수 있겠다 싶어서 긴장을 하지만 하나님의 종으로서의 길을 가면서도, 하나님 앞과 사람 앞에서 떳떳치 못한 사람이 될까 하는 걱정을 하게 됩니다. 그래서 목회를 하겠다고 결심을 했으면, 하나님 앞에서 진솔하게 눈물로 목회를 하는 목회자들이 되어줬으면 좋겠다는 바램과, 목회는 꿈이니까 하나님 앞에서 분명한 꿈을 가지고, 교회의 본질은 같지만 교회를 통해서 하나님이 하시는 일은 다 다를 수 있기 때문에 분명한 꿈과 비전을 가지고 목회를 해나가면, 하나님께서 반드시 그 꿈을 이루어 주신다는 제 경험을 말씀드리고 싶습니다.

에스겔서에 보면 새 성전에서 흘러내리는 물이 죽은 바다를 살리고, 온갖 풍성한 열매들, 회복의 결과를 가져오는 환상이 나옵니다. 이것은 한국 교회에 하나님께서 보여주시는 환상이라고 믿습니다. 교회는 모든 방법을 동원해서 생명의 물을 흘려 내리는 생명의 샘이 되어야 합니다.

김 : 가장 가치있는 일을 하시니까 모두 승리하셨으면 좋겠습니다.

목사님, 아직도 하나님을 모르는 분들이 참 안타까우시죠?

목 : 살아야지요. 생명을 얻어야지요. 영혼들이 생명을 얻을 수 있는 길을 교회가 열어줘야 됩니다. 지난 주에도 그런 말씀을 드렸어요. **교회가 생명의 샘터가 되고, 성도들이 생명의 샘터가 되자고요.** 제가 에스겔서 말씀을 보면서 새성전을 통해서 흘러내리는 물이 죽은 바다를 살리고, 거기에 온갖 풍성한 열매들, 치유와 회복의 결과를 가져오는 에스겔에게 보여주신 환상을 보면서 이것은 우리 교회와 한국 교회에 하나님께서 보여주시는 환상이다라는 묵상을 하게 됐어요. 그래서 성도들에게 도전을 했는데, 지금 선교사를 파송하고 직접 움직이는 곳만 하더라도 중국, 필리핀, 인도네시아, 캄보디아, 사할린, 태국, 미국, 유럽 등 아주 다양하게 하는데, 교회가 할 수 있는 모든 방법을 동원해서 생명의 물을 흘려내려야 되고 그것이 교회의 선교만으로 끝나는 것이 아니고 거기에 온 성도들이 동참해서 장차 하나님 앞에 설 때에 하나님 앞에 내어 놓을 만한 열매가 있는 그런 삶을 살아야겠다는 생각이 듭니다.

김 : 생명을 얻을 길은 하나님께로 나오는 길밖에 없는데, 왜 아직도 그렇게 방황을 하고 있을까요?

목 : 그래서 믿는 것도 은혜입니다. 믿는 것도 은혜고, 복음을 전하고 많은 사람이 듣지만은 하나님을 알고 믿게 되는 것도 하나님 은혜 아니겠습니까?

그래서 저희들은 더 많은 영혼들이 하나님께로 돌아오기를 기도하면서 할 수 있는 힘을 다해서 복음을 전하고, 또 하나님께서 역사하시는 곳에는 반드시 생명의 역사, 치유와 회복의 역사가 일어날 줄로 믿습니다. **망설이는 분들은 결단하셔서** 가까운 교회로 꼭 나가시기 바랍니다.

김 : 아멘. 하나님이 부르십니다. 교회와 목사님의 비전을 함께 나눠주세요.

목 : 참 감사한 것이 우리 성도님들이 그냥 교회에 왔다 갔다 하면서 십일조, 감사 헌금 하고, 예배 시간에 맞춰 나오면 그것을 신앙생활로 아는 그런 차원에서 벗어나기 시작했습니다. 이제는 자신의 삶을 드리기를 원하는 성도들로 바뀌고 있다는 것에 너무 감사해요. 제가 2020년에는 평신도 선교사 100가정을 파송하는 교회가 되자고 비전을 선포했는데, 벌써 두 가정이 파송되었습니다. 다 될 줄로 믿어요. 모든 성도님들이 하나님 앞에 서는 날에 잘했다 칭찬 받는 성도로서 헌신적인 신앙 생활을 할 수 있는 성도들이 되었으면 좋겠습니다. 성도들이 그렇게 움직여 주면 교회가 할 수 있는 일들이 너무 많습니다. 그래서 하나님께서 그렇게 우리 신흥교회를 축복해 주실 줄 믿고 열심히 하겠습니다.

김 : 주님 다시 오시는 그날까지 신흥교회도 목사님도 하나님께 열매를 많이 드릴 수 있기를 바랍니다. 목사님, 감사합니다.

신 흥 교 회
하늘에는 영광
땅에는 평화

힘든 현실 속에서 한줄기 희망의 격려가 필요한 사람들이
있습니다. 그분들에게 19편의 희망이란 이름의 편지를 띄
웁니다.
- 엮은이 김경화 프로듀서 머리말 중에서 -

하나님과 함께하는

행복한 인생

초판 1쇄 발행 2010년 6월 10일

엮은이 김경화
발행인 김용호
발행처 나침반출판사
등 록 1980년 3월 18일 / 제 2-32호
주 소 110-616 서울 광화문 사서함 1641호
전 화 본사 (02)2279-6321 영업부 (031)932-3205
팩 스 본사 (02)2275-6003 영업부 (031)932-3207

www.nabook.net
nabook@korea.com
nabook@nabook.net

ISBN 978-89-318-1421-7
책번호 나-1026

· 값은 뒷표지에 있습니다.

· 잘못 만들어진 책은 구입처나 본사에서 바꿔드립니다.

나침반출판사는 우리를 구원하신 아름다운 주님을
21세기 문명의 이기(利器)를 통하여 널리 전하고 싶습니다.